牧师手册

Minister's Handbook

ACKNOWLEDGEMENT 鳴謝

在上世紀的大部分時間裡，《牧師手冊》對基督復臨安息日會教牧人員來說，一直是一本可供指導和快速參考的寶貴工具書。全球總會（以下簡稱「總會」）傳道協會幹事弗洛伊德・布雷西（任期1985至1992年）是1992年版的主要撰稿人。這個版本在近二十年給基督復臨安息日會世界各地的教牧人員帶來很大的幫助。鑑於在這段時間社會和科技的迅速變遷，以及教會的增長，總會傳道協會決定再次編輯、修訂和更新原來的版本，以滿足教牧人員目前的需要。我們對參與撰寫這本手冊的人員致以謝意。

研討——各分會的傳道幹事徵求了當地教牧人員的意見，以便彙整至這本手冊裡。我們還查閱了過往的《傳道者》（Ministry）雜誌，研究了《牧師手冊》原來的版本，以及《教會規程》（Curch Manual）和《總會工作規章》（General Conference Working Policy），以便了解教牧人員所關心的問題。

起草——依1992年版為基礎，加里・彼得森在雷・彼得森的幫助下撰寫了本版初稿，由默娜・泰茲擔任主要的編輯工作。

審稿——初稿提交至世界各地，由各地教牧人員、傳道幹事和行政人員組成委員會審閱，提出修改意見。這裡要特別感謝伊斯雷爾・奧拉爾、蘭尼里・塞爾斯和博妮塔・謝爾茲。最後由總會傳道協會正式成員核准：喬納斯・阿拉斯、詹姆斯・克里斯、莎倫・克里斯、懷特・哈克斯、安東尼・肯特、凱茜・佩恩、彼得・普萊姆和尼古拉斯・薩特梅傑。

出版——凱茜・佩恩指導設計過程；詹姆斯・卡維爾擔任審稿；艾利卡・邁克擔任設計；總會傳道資源中心負責協商手冊的印刷和發行。

在編制手冊的過程中，還有許多人提出建議，投入時間。在此我們對每一位表示衷心的感謝。

CONTENTS 目錄

鳴謝　2

序言　7

第 1 章 ———————————— 恩召　11

第 2 章 ———————————— 屬靈操練　15

第 3 章 ———————————— 人際關係　21

第 4 章 ———————————— 時間安排　27

第 5 章 ———————————— 個人健康　31

第 6 章 ———————————— 個人儀表　35

第 7 章 ———————————— 個人財務　39

第 8 章 ———————————— 家庭生活　43

第 9 章 ———————————— 牧者的道德規範　47

第10章 ———————————— 專業成長　55

第11章 ———————————— 與教會組織的關係　59

第12章 ———————————— 部門服務　65

第13章 —————————————— 教會規章 95

第14章 —————————————— 證書執照 99

第15章 —————————————— 按立委任 105

第16章 —————————————— 按手禮 111

第17章 ——— 教會的建立、組織、合併和解散 119

第18章 —————————————— 教會領導 125

第19章 ————————— 全體信徒的傳道工作 133

第20章 —————————————— 牧養較大的地區 141

第21章 —————————————— 教會增長 145

第22章 —————————————— 崇拜聚會 151

第23章 —————————————— 交往和探訪 161

第24章 —————————————————— 輔導 167

第25章 —————————————— 教會團契 171

第26章 —————————————— 教會財務 179

第27章 —————————————— 教堂設施 185

第28章 —————————————— 教會的紀律處分 191

第29章 —————————————— 教會學校 197

第30章 —————————————— 浸禮 201

第31章 —————————————— 聖餐禮 207

第32章 —————————————— 婚禮 215

第33章 —————————————— 兒童奉獻禮 227

第34章 —————————————— 抹油和趕鬼 233

第35章 —————————————— 喪禮 239

第36章 —————————— 開堂禮、獻堂禮和動土禮 251

第37章 —————————————— 新屋祝福禮 265

第38章 —————————————— 牧師就職 271

第39章 —————————————— 退休 279

—————————————— 附錄 284

PREFACE 序言

基督呼召祂的門徒宣揚福音。每一個基督徒都有責任和權利從事傳道工作，作為他基督徒生活的一部分。但是有一些人特別蒙召專職獻身傳道，服務教會的特殊需要，並帶領教會服務普世更大的需要，作見證，提供愛心關懷，向將亡的世界傳達救恩。這本手冊正是專為上述傳道工作而預備。

這樣的傳道工作主要分為三類：

❶ 為個人和教會提供教牧的服務。

❷ 傳道的見證和福音的宣揚。

❸ 教會組織中的領導與行政管理。

資源

為了有效地在這些領域從事傳道工作，復臨教會的教牧人員需要熟悉教會為傳道和領導工作所提供的以下四種資源：

❶《教會規程》，是經總會大會表決通過的。

❷《牧師手冊》，為教牧人員的工作提供指導。

❸《長老手冊》，幫助教牧人員訓練當地長老，以協助教會工作和傳道事工。

❹《論教牧工作》，懷愛倫著作的選集，特別針對教牧人員的工作。

PREFACE 序言

為了提供教牧人員這些材料，強調其在傳道工作中的重要性，傳道協會特地以同樣的規格出版了這四本書籍，集合成一系列的套書，方便使用。

由於本手冊假定教牧人員持有《教會規程》，故引用的文字十分簡短。然而《教會規程》依然是教會職責的主要參考來源，本手冊將經常引用它的部分內容。

所有的教牧人員

《牧師手冊》主要針對教牧人員。但它也廣泛適用於各傳道部門。凡在各專門傳道部門和行政部門服務的人，都能從中獲益。基督復臨安息日會歡迎男女同工的服務。為了對這種不分性別的服務表示認可，本手冊盡量使用中性語言。

合一而非劃一

復臨教會的教牧人員是在全球眾多不同的種族、文化和語言環境中成長、受訓和服務的。教會在其負責的地區必須表現出對當地文化的尊重。雖然本手冊譯成多種語言，以適應當地的條件和習慣，然而在牧養計劃和活動方面需要有合理的協調，以便在全球範圍裡營造和諧一致的傳道事工。

本手冊當初編印的目的，是為了增加普世的統一性。現今的修訂版也是如此。雖然本手冊對教會各項禮節並未制定固定的方式，但在一般聚會程序和崇拜形式方面，仍要保持合一的精神。「凡事都要規規矩矩地按著次序行。」（林前14:40）

由於全球教會的多樣性，本書並沒有規定刻板的模式，卻為各地區的傳道工作提供通用的方式。假如當地的文化需要，各分會可以增添若干註釋或附錄以配合之。本手冊的經文乃引用英文新欽定本《聖經》（編按：中文《聖經》則是引用和合本）。

本手冊雖然側重實作技術層面，但我們教牧人員最大的需要是與我們的主不斷地保持聯繫。我們祈願本手冊的使用能在屬靈和專業上成為復臨教會傳道事工的助手。

復臨教會全球總會
傳道協會幹事
詹姆斯‧克雷斯
2009年6月1日

牧师手册
Minister's Handbook

第 **1** 章

恩召

THE CALLING

凡接受福音傳道職責的人同時也接受了基督的個人呼召。此外，他們還接受了教會組織的邀請，教會透過聘用和頒發傳道證書，承認和肯定他們的恩召。在這兩種情況下，恩召都來自基督，包含以下三種明顯的屬靈資格。

一、與基督同工

傳道是一個特權——把宣講耶穌的福音視為祂賦予人類的崇高特權，因為恩召不是來自人，而是來自上帝。「向罪人指出上帝的羔羊，是人所能從事最偉大崇高的工作。真正的傳道人與主同工成就祂的旨意。」（《傳道良助》，原文18頁）

傳道是一項神聖的使命——「上帝有一個教會，教會中有上帝所委派的職分。」（《給傳道人的證言》，原文52頁）世界上有許多職業可供個人選擇。但由於傳道工作是上帝所委派的，具有獨特性，所以不僅是一種職業，而是一種恩召。「沒有人自取，惟要蒙上帝所召，像亞倫一樣。」（來5:4）

傳道訓練——接受了傳道的呼召，並不表示就免去了認真訓練、預備服務的必要。它會促使和推動蒙召的人付出完成恩召所需要的時間和精力。摩西曾用多年時間預備領導和服務以色列人。連我們的主耶穌也花了數十年為祂的服務作準備。

上帝的傳道人不要以為是「自我宣召」的。和使徒保羅一樣，他的原動力不是出於個人，而是出於主。保羅並沒有選擇

去傳福音，是上帝揀選他從事傳道工作；保羅的選擇，在於他是否回應上帝對他的揀選。傳福音的恩召，是要人作基督的使者，這個崇高的恩召要求人將自己完全獻上。

二、個人與基督的關係

早期的使徒曾成功地邀請人來到基督面前，這是因為他們自己已來到基督身邊。人只能把自己所擁有的傳給別人，要把基督救人的福音告訴別人，我們就必須親自體驗它，並且每天生活在主的恩典中。

門徒接受了基督的邀請之後，用了三年時間與祂親密相交，學習祂服務和接觸人的方法，直到那時，他們才準備好從事成功的傳道工作。掃羅在前往大馬士革的路上看見了基督的異象，就問道：「主啊，祢要我作什麼？」（徒9：6）經過多方祈禱和尋求，他改名為保羅。和眾使徒一樣，他發現在傳道工作中感化人心的能力來自個人與基督的相處和交流。

像祂那樣服務——像基督那樣生活，意味著要像祂那樣過服務的生活，耶穌為造福他人而活，祂為愛而活。人類生來都是自私的，只有靠著恩典，我們才能學會像基督那樣生活和服務。成功的傳道工作所遵循的是施洗約翰的格言：「祂必興旺，我必衰微。」（約3：30）「那些在上帝的事上有最深經驗的人，是距離驕傲自高最遠的人。他們對上帝的榮耀有較高層次的認識，所以就覺得在主的工作中即使是最低的地位，對於他們來

說也是無上尊貴的了。」（《傳道良助》，原文142頁）

享受服務之樂就是享受傳道之樂，但傳道人不要以為傳福音的工作使得他們比別人更重要，也不可以為只有從事這種職業，才是蒙了恩召。對於個人而言，最重要的工作就是上帝要他去做的任何工作。服務他人的工作是世上最偉大的工作，上帝呼召所有的人——每個教會的每位成員——都參與某種形式的傳道與服事工作。

三、個人蒙基督賦予能力

傳道人需要展示多方面的才幹：比如忠誠、品行的純潔、正直、屬靈的領導能力、交往的技巧和教學能力。基督會賜能力給祂所呼召的人。基督不論呼召誰，祂都會幫助他，祂絕不會呼召人去作一個失敗者。並非所有的人都具備同樣的才幹，但祂會提供必要的才幹，使祂呼召的傳道人去做的工作取得成功。保羅宣稱：「我感謝那給我力量的我們主基督耶穌，因祂以我有忠心，派我服事祂。」（提前1:12）

「天上無窮的寶藏是他們可以取用的，基督要把祂自己聖靈的生氣和生命的活力賜給他們。聖靈要用祂最大的力量在他們心中運行。上帝的恩典要擴大並增多他們的才能，而且上帝本性中的各樣完善美德，必來幫助他們作救靈的工作。藉著與基督同工，他們就必在祂裡面得以完全，他們肉體雖然軟弱，卻能作成全能者的事業。」（《傳道良助》，原文112–113頁）

第 2 章

屬靈操練

SPIRITUAL FORMATION

教牧人員在發揮公開影響之前，必須在私人的範圍裡有個人的屬靈操練。我們回應上帝的恩召，不可能單靠自己就開始傳道工作。屬靈的委身會使我們以基督為中心，祂就成了我們生命中的熱忱之源。私下研究上帝的話、默想和祈禱，是教牧人員個人生活的重要部分。

靈修對於領導工作的重要性——詩人熱切的懇求：「上帝啊，求祢為我造清潔的心，使我裡面重新有正直的靈。」（詩51：10），其中詩人所求的，對於教牧領導工作來說是非常重要的。沒有這種屬靈的準則，教牧領導工作就會變得與心理學理論、組織方法和激勵人心的技巧一般無異。傳道的真正力量，源於個人與基督相交的屬靈造詣。

對於傳道工作的重要性——基督教導祂的門徒說：「我若從地上被舉起來，就要吸引萬人來歸我。」（約12：32）認識耶穌和在眾人面前高舉祂，對於救靈的成功而言，乃是最重要的。

對於講道的重要性——預備講章需要花大量時間讀經和禱告。預備講題的重要工作要與個人的靈修和學習相結合，我們如果不藉著個人與上帝交往而使信息獲得能力，就不可能誠實而有說服力地把屬靈信息提供給會眾。

屬靈經驗的障礙

一、**缺乏信靠**——「有依靠人為的計劃和方法的危險，和

少作禱告、少有信心的傾向。我們也有像門徒一樣的危險，就是忘記自己必須依靠上帝，而想把自己的活動作為救世的主力。」（《歷代願望》，原文362頁）與力量的泉源失去聯繫，會導致人不去尋求上帝的引導。耶利米向那些忘記上帝引導、被擄到巴比倫的人保證說：「你們尋求我，若專心尋求我，就必尋見。」（耶29:13）

二、**缺乏時間**——安排時間進行屬靈操練是非常重要的。每個人每天擁有的時間都一樣多，問題是我們如何安排時間，把什麼放在首位。我們如果把禱告、讀經和個人靈修看作傳道生活和個人生活的重要部分，就會安排時間進行這些活動。耶穌在山上勸勉祂的聽眾說：「你們要先求祂的國和祂的義，這些東西都要加給你們了。」（太6:33）

三、**缺乏私密**——個人靈修雖然不一定需要規定嚴格的時間和地點，但即使在教會和家庭需要的壓力之下，傳道人仍然需要安排時間進行讀經和禱告。「凡接受上帝訓練的人，都需要與自己的心、與自然界、與上帝有安靜交流的時辰。……我們必須個別地聽祂對我們的心說話。當萬籟俱寂，我們安靜地在祂面前等候時，心靈的靜默，就使上帝的聲音格外清楚。」（《論健康佈道》，原文58頁，售名《服務真詮》）

四、**缺乏計劃**——沒有具體的計劃，靈修生活就不會有重大進步。在教牧人員繁忙的時間表裡，計劃當然要有彈性，要

是沒有具體的目的和計劃，就很容易錯過個人的靈修。除了個人學習之外，屬靈支持小組可以提供額外的機會，在屬靈歷程上與他人分享。

五、缺乏自律──屬靈的成長需要自律。就像任何健康或有責任的活動一樣，不論是屬靈的、身體上的或是家庭方面的，要完成任務都需要紀律。重心不要放在花多少時間，讀多少頁數或者屬靈的感覺上，屬靈的成長必須以與上帝交流為基礎。「認識祢獨一的真神，並且認識祢所差來的耶穌基督，這就是永生。」（約17:3）

靈修方法

閱讀──閱讀有助於保持與上帝的關係活潑而充滿內涵。要視《聖經》為祂與人類交流的具體形式和靈修祈禱的主要來源。閱讀資料不可少了懷愛倫的寶貴著作，另外還要包括一些偉大的基督教經典靈修著作，以及務實的傳道書刊。

禱告和默想──禱告強調語言的表達，默想上帝的話則側重傾聽和思考有關上帝的事。「我們最好每天用一小時的工夫來默想基督一生的事蹟，一一加以研究，用想像力把握住每一幅畫面，尤其是祂臨終的那些大事。我們如此思考祂為我們所作的偉大犧牲，我們對於祂的信心就必更加堅定，愛心就必激發起來，並更深地為祂的精神所感染。」（《歷代願望》，原文83頁）

讚美的祈禱──祈禱應當以讚美開始。我們可以從耶穌的生平中學到許多有關祈禱的重要性和功效，祂在清晨禱告（可1：35）；祂整夜禱告（路6：12）；祂有時在服事中途直接退出去禱告（路5：16）。祂的傳道能力來自祂祈禱的生活（路3：21-22），祈禱使祂準備好經歷最黑暗的時辰（太26：36-46）。

痛悔的祈禱──個人靈修中的祈禱和認罪與公眾的祈禱不同，因為在公眾的祈禱中，通常是為會眾的一般事項祈求。靈修中的懺悔，應該是高度私密和具體的，要承認自己的失敗和克服罪惡的需要。

代求的祈禱──教會和教牧人員會接到許多代禱的請求。保羅在傳道工作中指教提摩太：「我勸你第一要為萬人懇求、禱告、代求、祝謝。」（提前2：1）我們的榜樣基督甚至為那些釘祂十字架的人禱告。

牧师手册
Minister's Handbook

第 3 章

人際關係

INTERPERSONAL RELATIONSHIPS

基督升天之前對祂門徒的教導主要涉及對人的關懷。這項指示涉及教牧工作的所有層面，教牧人員最為關注的必須是為人服務。學習、講道、管理、教導或任何方面的傳道工作雖然重要，但是如果不圍繞著為人服務的中心，耶穌基督的傳道工作就不會成功。教牧人員是以「人」作為工作對象的，在這項服務工作中，個人的正直和熱情要比專業的技巧更加重要。「機智果斷會使工人的效果增加百倍。」（《傳道良助》，原文119頁）

對人要有愛心

教牧人員對人要有愛心。耶穌說：「你們若有彼此相愛的心，眾人因此就認出你們是我的門徒了。」（約13：35）耶穌用牧羊人的比喻來說明祂與祂子民的關係，以及傳道的工作。祂說：「我是好牧人，好牧人為羊捨命。若是僱工，不是牧人，羊也不是他自己的，他看見狼來，就撇下羊逃走。狼抓住羊，趕散了羊群。僱工逃走，因他是僱工，並不顧念羊。」（約10：11-13）僱工單純把牧養的工作視為職業，在壓力之下很容易就放棄。

摩西在西奈山替他的同胞向上帝求情，具體地顯示了理想的牧者之愛，在以色列人拜金牛犢之後，他為他們祈求上帝。「因著對以色列人的愛心和深切的關懷使他在上帝面前放膽懇求，上帝的手曾藉著他為他們行了這麼多的事。……他對於以

色列的關心乃是出於無私的動機。在摩西看來，上帝選民的興盛比他自己的尊榮更為重要，比他成為一個大國之父的特權更為可貴。」(《先祖與先知》，原文319頁)

要愛不可愛的人——總括來說，愛人是一個大家可以接受的籠統觀念。但是去愛某些犯錯的人，則是教牧生活中比較困難的任務。教牧人員既要看到這些人的本質，也不要忽視他們在上帝恩典之下的前景。傳道人作為真正的牧人，必須像基督那樣服務。「祂看見許多的人，就憐憫他們，因為他們困苦流離，如同羊沒有牧人一般。」(太9：36)要像耶穌那樣憐憫人，就必須超越單純對墮落人性的同情，這種憐憫不但要容忍他人的缺點，還要幫助他們靠著基督得勝。

要愛傷害人的人——基督在好牧人的教訓中甚至包括了要愛傷害別人的人和不好的人。在受到人們批評、誤解、誣告的時候，基督的榜樣清楚地展示了真牧人愛心的回應，甚至基督懸掛在十字架上的時候，還寬恕用釘子釘祂的人。祂就是這樣說明，真正的寬恕不是基於犯錯之人行動和態度的改變，而是基於樂意寬恕之人的態度。

真正寬恕惡待別人的人，乃是基督徒之愛的最好考驗。至於對方接不接受這種寬恕，則取決於他們自己的選擇。罪行的有些後果的確是不可逆轉的，但是在寬恕的行動中，我們不需要確定是誰犯錯，而是要視寬恕為「彼此包容，彼此饒恕；主

怎樣饒恕了你們，你們也要怎樣饒恕人」（西3:13）。

友誼

友誼的存在是與生俱來的，是上帝所賜的。在門徒中間，彼得、雅各和約翰顯然享有與基督獨特的關係，同樣，教牧人員也會尋求和享受與所服務信徒之間的友誼。親密坦誠的友誼不但是許可的，也是教牧人員善於交際、感情成熟的標誌。

人人都需要朋友——友誼能幫助我們現實地看待個人的力量和局限。朋友不但會支持我們，還會為人生和服務提供更多的見解，我們可以同知己朋友敞開心扉，坦誠交談。我們的配偶顯然是可以推心置腹的理想朋友，但是夫妻間如果不能盡情傾訴想法、理想、計劃、恐懼、失敗和沮喪，就是尚未達到知己朋友的地步。雖然與配偶的友誼已近乎完美，但配偶若是唯一可以完全信賴的人，那麼給對方的擔子也太沉重了。

總會傳道協會鼓勵傳道協會的幹事成為教牧人員的親密朋友，但是教牧人員及其配偶常常不完全信任涉及傳道調遣或管理的人。在這種情況下，同工可以充任知己和朋友，他們往往遭遇過類似的問題和挫折，能比任何人更加理解彼此的生活。

在會眾中的親密朋友——與會眾中的一些人結為密友是很自然的事，但建立這樣的友誼需要注意以下幾個重點：教牧人員對所有的會眾要一視同仁，慎防偏袒任何人；你要盡力愛那

些冷淡麻木的人，猶如愛那些熱心配合的人一樣；保密的需要限制了我們在會眾中間傾吐自己的難題，與長老的親密友誼往往可以避免流言蜚語，因為信徒們深知，傳道事工中這樣的同工必會有如此的關係。

社區的關係——復臨教會努力高舉旗幟、履行一般世人所不認識的使命，有時會被世人視為與他們所處的社會隔絕。社會人士往往認為這是一種不友善的超然態度和屬靈的傲慢，教牧人員要積極介入社區，參加當地的傳道協會和社區服務組織。我們不但與他們有許多共同的興趣，還會獲得有價值的專業知識和友誼，為分享傳道和見證提供機會。

牧师手册
Minister's Handbook

第 **4** 章

時間安排

TIME MANAGEMENT

時間的恩賜

時間是人人都有的恩賜。問題不在於有些人比別人擁有更多時間，而在於每一個人如何善用這個恩賜。有些人的成就似乎比別人多，因為他們在時間的安排上注意輕重緩急。耶穌強調時間安排的重要性說：「趁著白日，我們必須作那差我來者的工；黑夜將到，就沒有人能作工了。」(約9:4)

善用時間

一、**計劃**——計劃能增進效率。要根據最需要完成的工作，擬訂宗旨和目標，然後編制一份時間表來完成這些目標。沒有計劃，人們就很容易無所適從，往往避重就輕，忽略最重要的任務。「當你們早晨起床時，最好盡量考慮一下當日所該做的事。如有必要，可以準備一個小本子，記下需要做的事情，並安排時間去做。」(《佈道論》，原文652頁)

計劃要有彈性。不要把計劃制定得太死板，以致無法應付意外和緊急情況。若是以時間不夠為理由，未能應付緊急情況，就會給有需要的人帶來傷害。周密詳盡的計劃若是不能實際執行，就有可能要放棄。

時間的安排需要與同工和會眾商量。要在教會「堂董會」(Church Board，編按：舊版《牧師手冊》和《執事手冊》稱為「職員會」。)商討教牧工作和責任的時間表，然後告知會眾，還要明確宣布教牧人員能隨時準備處理緊急情況，但為了

善用有限的時間，必須定出一些限制。教牧人員的時間表可貼在辦公室門口、公佈欄或教會內可觀看到的其他場所。要盡力做到——在此規定的時間裡隨時準備好服務會眾。

電話的接聽對於打電話的人來說是非常重要的。自動或語音答錄機滿足不了這種要求，牧者和教會辦公室的電話需要有人親自接聽。若是使用了接聽裝置，不能及時答覆是不合適和無禮的。

書面通信和寫電子郵件可能佔用教牧人員大量時間。要在答覆的重要性和大量通訊之間取得平衡，不是一件容易的事，人們容易走極端，要麼把大量的時間用於瑣碎的通訊上，要不乾脆不理睬合理的要求。要避免瑣碎的事，同時又尊重合理的要求，教牧人員寫信或發電子郵件要小心，因為寫了以後會有長期的效應。要確保寫下來的話對傳道工作能發揮積極作用，而不是破壞它。

二、在最佳的時間內工作——最適合工作和精力最旺盛的時間是因人而異的。有人在早晨，有人在深夜，要視個人的情況來定，但絕不要拖延。要在精力處於最旺盛的時候，進行創造性且需消耗腦力的思維活動。

三、接受他人的幫助——若是條件許可，可由辦公室的秘書人員處理教會雜務，比如接聽電話、預備公告信息和書刊，

安排約會和見面等，如此會大大增加教牧人員的工作效率。很少有教會能負擔全職秘書人員的工資，但可以聘用兼職人員或志工幫助牧者進行這些工作。

四、分類探訪——分地域探訪能使拜訪行程發揮最大的效率。電話能成為人與人進行大量接觸的有用工具，並能提高效率。探訪醫院對於病人及其家人來說是很重要的。這些探訪雖短卻極為有效，意義重大。不同年齡層的人和不同地區的人對於牧者探訪的期待也是不同的。

五、雙倍利用時間——在傳道工作中，出差旅程佔用了大量時間，可以在旅行時收聽《聖經》和其它書籍的錄音和廣播。此外，養成在旅行時思考、計劃、祈禱，甚至準備講章的習慣，能為這些活動提供個人的安靜時刻，比如在等候約會的時間裡，可以利用上述資源預先規劃一些創造性的活動。

六、委託——「讓那些有以大能傳揚福音之恩賜的傳道人經常從事業務工作，乃是一種極大的錯誤。能提供生命之道的人不可將太多負擔擔在自己身上。」（《佈道論》，原文91–92頁）使徒們知道若是由他們自己來做全部的教會工作，肯定是做不好的，所以他們將沒有直接蒙召去做的工作委託給別人，說：「我們撇下上帝的道去管理飯食原是不合宜的。……我們要專心以祈禱傳道為事。」（徒6:2-4）

第 **5** 章

個人健康

PERSONAL HEALTH

健康作為傳道的資本，會帶來行善的能力，並樹立謹慎節制生活的榜樣。羅馬林達大學（Loma Linda University）的健康研究清楚證明復臨信徒的生活方式不僅能延年益壽，還能改善健康。「喜樂的心，乃是良藥；憂傷的靈，使骨枯乾。」（箴17:22）

我們知道復臨信徒的生活方式是一個智慧的選擇，但它不能保證人不生病。定期檢查身體能發現問題，及早解決，也能避免以後的嚴重後果。本會工作人員提供各種保健方案，為了個人和教會的最高利益，應當予以實行。保持健康也意謂智慧地遵從健康的三個要素：合適的飲食、運動、休息。

一、**飲食**——要吃合適的食物，份量也要合適。「我們的許多傳道人正在用牙齒自掘墳墓。」（《證言》卷四，原文408頁）「對於那些明知如何攝取健康飲食，卻又故意採取削弱身心之做法的人，上帝不會讓祂的聖靈降在他們身上。」（《論飲食》，原文55-56頁）不但要了解，還要身體力行許多飲食的良好建議。

二、**運動**——鑑於大量的教牧工作常使人久坐不動，必須作出刻意的努力來保持健壯的身體。「全身的系統都需要戶外鍛煉使人精神充沛的影響。每天數小時的體力勞動會更新身體的活力，使頭腦得到休息和放鬆，這樣會促進全面的健康，可從事更多的教牧工作。」（《證言》卷四，原文264-265頁）

三、**休息**——傳道工作有時很難獲得適當的休息。但長此以往，形成習慣，就會因為疲勞、衰竭而縮減傳道工作的時間，甚至因此而死亡。休息和放鬆是很重要的，不僅為了身體的健康，也是為了家庭的穩定。睡眠的需求是因人而異的。要認真了解每一個人的需求，每一個夜晚要有足夠的睡眠。

每週要休息一天。要利用機構所提供的年休，過度工作並不能證明人對工作的獻身，反而表明他的愚蠢。耶穌經歷了許多緊張的事件之後，邀請祂的門徒說：「你們來同我暗暗地到曠野地方去歇一歇。這是因為來往的人多，他們連吃飯也沒有工夫。」（可6:31）

心理健康

傳道是一項充滿壓力的工作。傳道工作在人際關係層面不僅有與人快樂交流的機會，也會有痛苦和憂傷的時刻。公開演講、行政領導和為病患及喪家服務，都會造成壓力。雖然有時緊張會使人集中精力從事某項工作，但持續高度而得不到緩解的壓力也會使人心力交瘁，因為承受壓力的能力是因人而異的。了解一個人的能力並設法與之相適應，對於有效的傳道工作來說，是非常重要的。

衰竭是身體、情感和精神上疲勞的反應，它往往是人際活動造成持續的精神緊張所產生的後果。此外，會眾和區會領導的不同期望，也會使教牧人員處於為難的境地。尋求他人的指

導和鼓勵往往會防止衰竭的發生，這樣的指導可以來自區會的傳道幹事、同工、朋友、支援小組或自己的家人。一些區會在必要時，還可聘請專業諮商師提供免費不記名的心理輔導。

第 **6** 章

個人儀表

PERSONAL APPEARANCE

個人的儀表影響重大。教牧人員與人初次會面，對方會根據你的儀表，立即作出正確或錯誤的判斷，你的外表會對你今後的傳道工作產生影響。「上帝希望祂的傳道人在態度和服裝上，正確地表達真理的原則和他們職責的神聖性質。」（《傳道良助》，原文174頁）「傳道人若在他的服裝上粗心大意，勢必會令那些具有良好品味和高雅鑑賞力的人心生退卻。」（《證言》卷二，原文623頁）

服裝的標準

如今服裝的種類和款式多不勝數，其中有很多都是可以選用的。但傳道是一個高級職業，教牧人員的服裝必須符合他們的身分。藉由觀察特定社會中其他專業人員的服裝，很容易判斷這個社會對這類人士有什麼樣的期待。與社會中其他人相比，穿不正式的服裝，給人的印象會是你的傳道工作也是隨隨便便的。各地的文化和風俗是不一樣的，時代也會影響服裝的風格，但要避免奇裝異服。在許多時候，眼見為憑確實要勝過雄辯。

儀表要吸引人歸向基督

個人的儀表會打開或關閉傳道的門戶。「在天上的上帝面前供奉聖職之人的服裝，會使祂得尊榮或蒙羞辱。」（《傳道良助》，原文173頁）

一、**良好的品味**──服裝，包括鞋子的品味應該符合時宜

及場合。在婚禮、葬禮和講台上，應該著正式服裝，但在有些場合則可以著輕便服裝。

二、**整潔**——不僅衣著要整潔，整個人都當如此。皮膚、牙齒、頭髮和指甲的整潔與良好的服裝一樣，是儀表的重要因素。衣服和身體都要保持乾淨。個人的衛生和整潔對於正確地代表教會是至關重要的。

外表不要過度引人注目

服裝引人注目有許多原因。太邋遢、過度華麗、不合時宜或場合會分散人對佈道和信息的注意力。外表最好不要太耀眼，目標是不惹人注目，但表現出合宜、有品味。

牧师手册
Minister's Handbook

第 **7** 章

個人財務

PERSONAL FINANCE

個人財務在教會和社會能產生重要而正面的潛能或消極的影響。教牧人員即便有很好的動機，也可能在財務方面遭人誤解。一方面不要讓教牧人員過貧困的生活，同時也不要讓奢侈和揮霍的生活方式破壞了本來會成功的傳道工作，要相信上帝的供應。「我的上帝必照祂榮耀的豐富，在基督耶穌裡使你們一切所需用的都充足。」（腓4:19）

一、絕對誠實——財務要公開透明，避免遭人誤會。教會要求教牧人員在財務上絕對誠實，信徒們對於教會的資金和個人的資金一樣，所要求的也是誠實。教牧人員若憑自己的地位和對財務決策的影響試圖牟取個人利益，就是侵犯公眾的利益，在任何情況下都不允許發生。

二、負責任的生活——教牧人員蒙上帝宣召，擔任會眾的僕人式領導。他們的生活應達到會眾的平均水準，什一制和教會的薪金為此提供了保障。教牧人員當然不能指望靠薪資發財，但教會提供穩定可靠的薪金可使教牧人員的生活有保障，知道自己所需要的會得到供應。

三、付帳不拖欠、展延——是否即時並忠實地付帳，會影響你個人和教會的信譽。

四、購物要理智而不自私——購物要謹慎計劃，使有限的經濟發揮更大的作用，但要避免給予教牧人員特殊折扣，好像

他們該有這樣的待遇似的。如果商家願意給予教會特別的折扣，應被理解為對教會的捐贈。指望個人接受好處，會降低教會和傳道工作的聲譽。

五、借貸——只在必要時借貸。要找最低的利率，在最短的時間裡償還借款，一定要避免向教友借錢或要求禮品，這很可能會與出借人產生誤會和緊張關係，也很容易落入偏袒出借人的陷阱。生活要精打細算，要謹慎使用借款，按月付清，要避免為別人擔保債務，對教牧人員的勸勉是：「他們要用一道鐵絲網把自己防護起來，不讓自己負債。」（《證言》卷七，原文235-236頁）

六、積蓄——要為緊急情況作準備，比如交通費、維修、置辦用具、意外的醫療費用。要計劃和進行儲蓄，以便支付某些大筆費用，例如兒女的教育、購買汽車、分期支付房款和準備退休等。

七、保險——需要適當參加保險，以保護個人財務、財產和債務。

八、副業——教會組織支付教牧人員生活所需的薪酬。全職的教牧人員有責任依靠此薪酬生活，以便奉獻全部精力為教會服務，不要去掙外快，或到其它地方去作有償講道。「一個完全獻身的傳道人必不肯從事任何其它足以攔阻他，不容他全

心全意獻身聖工的事業。」（《使徒行述》，原文366頁）

九、家庭——個人財力也要分擔家庭責任。

十、以身作則的奉獻——忠心奉獻什一，視之為《聖經》和職業的要求，慷慨捐款在教會中可樹立積極的領導榜樣。

第 **8** 章

家庭生活

FAMILY LIFE

傳道人和家庭

承認家庭作為榜樣的局限性——教會的信徒往往視教牧人員的家庭為家庭生活的榜樣。他們希望教牧人員的家人能成為教會對於個人和家庭立場的模範，這種期待有一定的道理，但也要承認所有的家庭都具有人性的軟弱和瑕疵。只有靠著上帝的恩典和個人的選擇，他們的生活才能符合上帝的旨意。

為家庭安排時間——傳道工作因涉及永恆事業，沒有休止，其急迫性常會導致傳道人把教會的活動擺在家庭的需要之先。另外，教牧人員的家庭經常遷移會帶來孤獨和寂寞，在這種情況下，教牧人員要把家庭擺在傳道生活的優先地位。但這並不意味著分配給家庭的時間要超過教會的工作，而是指在計劃和從事傳道工作的時候，要優先考慮家庭的需要。適當地照顧家庭與正確照料教會有著直接的聯繫。「人若不知道管理自己的家，焉能照管上帝的教會呢？」（提前3：5）「傳道人對周圍遠近的人都有責任，但他的第一本分卻是對自己的兒女。……世上所最需要的，不是大思想家，而是造福家庭的義人。傳道人沒有理由因外面更大範圍的工作而忽略了家庭的責任，家庭的屬靈福利是最重要的。」（《傳道良助》，原文204頁）

為家庭提供可靠的時間——教會工作常常干擾和取消家庭相聚的時間。這時，家人會覺得自己是次要的，需要與教會

競爭，要避免錯過或推遲家裡所約好的事。若是發生這樣的事，要確保儘早重新與家人約定。要一起工作，在家中要分擔勞動，與家人一起做家務，要與每一個家庭成員共享休息和娛樂。

溝通——與家人有沒有共通點，取決於彼此交流的質和量。語言的交流包括說和聽，兒女和父母必須建立公開溝通的管道，沒有論斷，也沒有威脅。分享日常生活中所發生的事，分享屬靈的經歷和認識，分享勝利和失敗，分享每日的喜樂和悲傷，會把家庭維繫在敬虔的交流之中。

時常稱讚——要每天從配偶和孩子身上發現優美之處，把你的欣賞和感謝告訴他們。在講台上提起家庭時，只講親切讚賞的話。

每天祈禱——要使家庭禮拜成為愉快而富有創意的經驗。要擔任家庭的屬靈領袖，但不要自以為能解答一切問題，基督教是極為深刻的個人經驗，沒有人能解答所有的問題。一家人需要談論各人自己的信念和準則，而不只是推廣家庭的傳統和教會的規則。

神職人員家庭的好處

教牧人員的家庭雖然要承受特殊的壓力，但同時也有許多特別的好處，比如廣泛接觸不同的人和觀念，出差旅行的機

會，在屬靈上穩定的家庭環境，有利於基督化愛心的發揮。這些優勢可為人帶來下列益處：

- 生活中強烈的目標和使命感。
- 有機會參與具有永恆意義的任務。
- 從事服務人群的工作，幫助解決人的困難。
- 得到幫助人們進入上帝之家的滿足感。
- 擁有基督徒朋友的愛。

教牧人員若有幸福的模範家庭，會帶來今世的幸福和上帝國中永恆的報賞。「一個秩序井然、很有教養的家庭為基督教所作的見證勝過一切講道。」（《復臨信徒家庭》，原文32頁）

第 **9** 章

牧者的道德規範

PASTORAL ETHICS

道德規範

總會傳道協會在徵詢了教牧人員和行政人員的意見之後，制定了以下的道德規範，提供給復臨教會的每一位教牧人員：

基督復臨安息日會傳道人道德宣言

我認識到基督復臨安息日會傳道工作的恩召，不是為牟取特殊的權利和地位，而是為了過一種獻身並服事上帝、祂的教會和世人的生活。我決心使自己的個人生活和職業活動，都以上帝的聖言為依據，順服基督的主權。我完全服從基督復臨安息日會的基本信仰。

我願獻身在自己的傳道工作中、維護職業操守與能力的崇高標準。我定意依照基督的生平和教訓所彰顯的原則，建立人際關係。

我要靠著上帝的恩典在自己的生活中執行以下的準則：

❶ 為了自己和家庭，度有意義的獻身生活。

❷ 獻出全部時間和精力，以傳道事工為我唯一的職業。

❸ 立志繼續在專業上長進。

❹ 倡導並維持與其他同工在職業上的互助關係。

❺ 嚴格履行職業上的保密責任。

❻ 支持聘用我的機構和全球教會。

❼ 誠實而透明地處理教會或個人的財務。

❽ 認明並願意將自己的家庭置於傳道事工的首要位置。

❾ 實踐健康生活之道。

❿ 無論男女，交往時均以禮相待。

⓫ 尊重每一個人的人格，不偏待人，也不歧視人。

⓬ 愛我所牧養的人，致力於他們的屬靈成長。

道德與同工

教牧同工——傳道工作要求教牧人員互相關心，互相愛護。在工作中互相支持，分享傳道的理念能加強傳道的事工，沒有一個人具有傳道事工所需要的全部智慧和創造力，傳道人不要把同工看作競爭者，而要視他們為一種支持。教牧人員的會議不僅要提供宣教、牧養技巧的激勵和指導，還要成為溫暖交流的場合。

監督的牧師——在多層分工體系當中，比如在大型教會或區域中，需要明確規定和解釋教牧工作的職責所在。在這樣的環境裡，雖然不能取消個人的傳道和服務，但對於整個傳道工作最終的責任落在了負責監督的牧師身上。多層分工的傳道人

必須互相支持，為了教會計劃中所制定的共同目標而工作，任何讓一個牧師反對其他牧師，或破壞團隊工作關係的企圖，都應予以否決。

實習傳道為分工傳道提供了獨特的背景。此外，有經驗的牧師亦有機會向實習者學習，他們與教育系統往往有更新的接觸。為了支持這種關係和訓練過程，總會傳道協會編寫了《實習傳教士與督導牧師手冊》（A Manual for Ministerial Interns and Intern Supervisors），可向傳道資源中心訂購。

前任——當你轉到一個新的教會任職的時候，不要很快就廢棄以前的計劃，要記住，前任可能更加了解教會的需要，這是繼任者無法馬上做到的。要謹慎、智慧、恭敬地行動，繼續進行那良好的工作，並逐漸引進新的理念和觀點，進一步提高和擴大教會的活動計劃。

繼任——離開一個服務崗位時，要留下完善的教會記錄，比如教會職員通訊錄（包括職員和委員會）、財務記錄、教會管委會和委員會的會議記錄，以及標明信徒住址、附近社區、傳道機構的街道圖。也要將有用的私人資料告訴繼任者，如購物中心、醫療單位、書店和其他繼任者可能需要去的地方。

其他教會的傳道人——在有些地方，可能存在數個相鄰的復臨教會。這些教會的牧者要能互相公開的交流、合作和尊

重，因為這對於大家的成功是很重要的，此外還要培養與當地其他教派同工的良好關係。你和那些傳道人有很多相同之處，包括社區的服務和相似的關注和信念。敵意和競爭的精神會破壞在社區裡本來可以成就的工作，某種形式的傳道協會或聯合會可分擔傳道工作。

道德與工作崗位

謀求升遷——傳道的目的是服務，而不是升遷。在上帝的聖工中，升遷是祂的事情。「如果人真有升職的資格，上帝自會安排，不僅使他們自己自覺，也讓那些考驗過他們，知道他們的價值，並能理智地推著他們前進的人有同感。」（《論健康佈道》，原文477頁，舊名《服務真詮》）

追求高標準——要力爭上游，追求高標準，而不是高職位。要殷勤地從事所指定的工作，把升遷的事交給上帝。

道德與種族

基督復臨安息日會普世宣教的成功可以從其成員的廣泛性上看出來，那就是——「各國、各族、各方、各民」（啟14：6）。這種成員的廣泛性，使得種族歧視沒有存在的餘地。「你們受洗歸入基督的都是披戴基督了。並不分猶太人、希臘人、自主的、為奴的，或男或女，因為你們在基督耶穌裡都成為一了。」（加3：27-28）

道德與道德責任

神聖的託付——傳道的恩召乃是一種神聖的託付，要求尊重每一個人的人格。在這方面任何背信的行為，都會給傳道人、教會和上帝帶來指責。要求信徒信任那些犯了通姦、戀童癖、同性戀、亂倫和其它不正當性行為的教牧人員，乃是不合情理的。

寬恕與恢復——違犯前述準則會導致當事人被解除職務、終止傳道工作。被解職的人需要經歷上帝寬恕的恩典和慈愛的確證。教會要設法尋回這樣的人，在屬靈和家庭的關係中幫助他們。

人際關係中的道德

一、**婚姻關係**——夫妻之間在家庭中用愛的堅固連結緊密維繫，這一點應清楚地說明和廣泛地實行。這樣的關係能加強家庭裡愛的聯繫，並擊退外面的試探。

二、**承認軟弱**——認為自己可能經得起性誘惑是不現實的。調情和性幻想的嘗試是一件危險的事，若經常放縱，性慾和浪漫的渴望勢必制勝理性的思想。認清自己的感受，坦誠地在誘惑露出開端時就對付，就能把試探拒之門外。

三、**輔導**——由於屬靈的輔導是牧師工作的一部分，在這方面就需要謹慎。有一些輔導可能在聽覺上，而不是在視覺上

涉及隱私，大多數牧師不是專業的輔導人員，他們並沒有這樣的義務。除了屬靈的輔導之外，其他輔導的工作應交給專業的基督徒輔導人員來做。

道德與法律

訴訟——教會的工作人員、會眾和受害人都要意識到不正當性行為發生的可能性，在有些地區，法律要求舉發不正當的性行為。在司法管轄範圍內，個人有權利主動舉發虐待的行為（比如對青少年的性侵犯以及虐待老年人），即使這種行為是在私密的環境裡發生的。關於各地行為訴訟的要求，要諮詢當地司法顧問。

然而不正當的性行為不限於青少年，在據稱兩情相悅的成年人之間也可能發生；對於處理那些明顯有權力不對等之人的事時要格外謹慎。

傷害——關於傷害，法律一般只讓教會對因疏忽而造成的傷害負責。要採取合理的措施將設備維護在安全狀態，以保護那些來教會使用設備和場所的人。

監督失察——監督失察是指對於聘用者或志願者未予以足夠的關注。如果造成了傷害，就應該負上對聘用者或志願者監督失察的責任。

人員安排——當職工被安置在某個負責崗位上時，就要注

意要確保這位職工是值得信任的。教會應制定措施，調查有可能犯罪或造成傷害之人的背景。在制訂和實施這些措施的時候，要與你的區會、保險公司或法律顧問商討。

假如你被詢問某個可能將擔負重責崗位之人選的背景時，而你也知道那個職工過去的不當行為或相關傳聞，就要與區會辦公室或法律顧問商量。要小心保護已受那個職工所傷害的人和有可能被他傷害的人。

財務管理的道德

《教會規程》和《總會工作規章》清楚地說明了財務處理的方針和程序。不遵守這些方針不僅會給工作人員和教會帶來壞名聲，還可能使工作人員陷入被解除職務的危險。

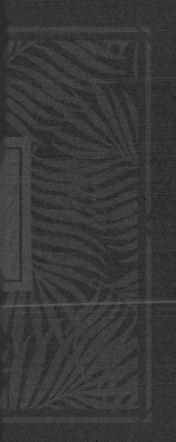

第 **10** 章

專業成長

PROFESSIONAL GROWTH

成長的機會

身體長到特定時刻就會停止成長，但專業方面的成長卻可提供機會，使傳道事工盡可能長久地開拓和發展。專業成長的理由不應是為了地位的提升，而是為了更有能力從事服務。

專業進修的指示

總會1986年的年會通過決議：「敦促基督復臨安息日會各組織的領導機構為本會傳道人每年至少提供二十小時的傳道專業進修課程，或平均每年二十小時的課程。（比如傳道人的執照或證書是三年，他就應該在這時期內，累積六十小時的學分。）傳道人所修課程的學分，倘若與聘用機構所認可的正式教育課程有關，就應予以承認，以代替專業進修課程（Continuing Education Units, CEU）。倘若一位傳道人的執照或證書更換之後，他每年專業進修課程的時數低於上述二十小時的標準，聘用機構的代表就要親自和他商談，鼓勵他再度研讀傳道專業進修課程。」

這種專業進修可以是經過核准的學位課程、個人強化班，或包含專業進修課程的教牧人員會議，此外，總會傳道協會也準備了這方面的課程。透過總會傳道資源中心或各分會傳道協會，傳道人可以獲得所需資料。

怎樣成長？

閱讀——要博覽群書。當地圖書館會有許多有益的書刊雜

誌。要是當地沒有，則往往可以透過館際租借獲得；要與同工分享書籍；要到附近書店，包括二手書店亦可；要安排時間閱讀，制定每月閱讀書刊雜誌文章的計劃。本會出版的書刊有許多有用的資料，還有來自其他資源的資料，傳道人都可運用智慧去挑選，傳道人應該很容易可以從中獲得充足的幫助。《傳道者》雜誌及傳道協會讀書社也提供很多有關專業成長的材料，在這個書單裡還包括若干世俗的讀物，以便了解目前的局勢和社會的趨勢。

評鑑——學習教牧技巧的最好途徑，就是透過操練、評估，以及有計劃性的改善。評鑑有時看似是一種威脅，但拒絕評鑑，不僅隱藏了弱點，也隱藏了能力。評鑑能鼓勵教牧人員，指出其能力和成功的所在，同時也能看到自己的軟弱和不足，這就有利於傳道工作的改進。

屬靈上成長——「成功的秘訣乃是神力與人力的合作。凡成大功立大業的人，都是最能信靠上帝大能之膀臂的人。……凡恆切禱告的人都是大有能力的人。」（《先祖與先知》，原文509頁）

牧师手册
Minister's Handbook

第 **11** 章

與教會組織的關係

RELATIONSHIP TO CHURCH ORGANIZATION

組織的必要性

結構和組織是物質世界和人類社會的客觀現實，亦是一切受造之物的基礎。從最小的原子到龐大的宇宙，都可以看到上帝構建組織的手。「秩序乃是天國的律法，也應作為祂地上子民的律法。」（《給傳道人的證言》，原文26頁）

教會組織的《聖經》依據——在整部《聖經》歷史中，上帝都設法為祂的子民提供秩序和組織。祂曾賜給古代以色列人一套精妙的組織制度，呼召他們擺脫在埃及失序的奴役狀態，成為祂的選民。耶穌建立了教會，任命門徒為她的領袖。聖靈引導新約教會拓展傳道工作，並使其組織成長。

基督組織了教會，雖然教會明顯不是一個完美的組織，因為它是由不完美的人所組成的；但它「即便有軟弱和缺點，也是祂在地上最關懷的唯一對象」（《給傳道人的證言》，原文15頁）。做基督徒意味著愛祂的教會，因為基督「愛教會，為教會捨己」（弗5:25）。

教會組織的實際基礎——一個國家、一個企業，甚至人的身體，若無組織，就不能運作。教會既負有向世界傳揚上帝救恩的使命，若無組織就必然失敗。在復臨歷史的初期，就清楚地看到了組織的需要。「隨著我們人數的增多，顯而易見，如果沒有某種組織的形式，就會出現很大的混亂，聖工也無法成功地推進。所以，為了供養傳道人員、在新的地區開展工作、

防止不適當的人進入教會或傳道的隊伍、保管教會財產、出版真理書刊，以及其它許多目的，組織是必不可少的。」（《給傳道人的證言》，原文26頁）

組織的益處

基督教界有各種多樣的組織形式。除了獨立教會之外，各教派都需要有領導和組織。本會的行政組織採用代表制，根據《教會規程》和《總會工作規章》的說明，各教會都是區會系統中的一員。

在教會的增長和培養上，各區會幾乎完全倚靠牧師，因為區會的資金來自各教會。各地方教會要進行發展和傳道工作，牧師和長老領導各地方教會，牧養羊群。「聖靈立你們作全群的監督，你們就當為自己謹慎，也為全群謹慎，牧養上帝的教會，就是祂用自己血所買來的。」（徒20:28）

行政支持──透過區會執行委員會的決議，行政人員負責為該區教會傳道人提供生活保障。根據本會的規章，聘用機構必須負責為教牧人員提供薪金。

部門資源──各部門幹事是各領域的專業人員，能提供專業知識，幫助牧師培訓信徒。他們不是超越牧師之上的權威，而是他們的顧問和資源提供者。部門領導要讓傳道人知道教會的活動安排和可提供的資料，以幫助制定牧養的目標和計劃。

傳道協會幹事——傳道協會幹事是牧養牧師的牧者，其服務範圍包括：聽取意見、指導實習傳教士、進行教牧傳道訓練、供應救靈工具幫助傳道工作、提供專業進修的機會、協助訓練教會長老、支持牧師的家庭、訂購《傳道者》雜誌等。

傳道工作的合作

傳道工作在很大的程度上是基於個人的恩召和事奉，所以必須在聖靈的引導下，根據自己的良心來進行。但這並不賦予教牧人員權利可以引導教會違犯其原則，或支持對抗教會基本信仰的立場。「一個工人絕不可以為反對大眾的決議而剛愎自用。」（《證言》卷九，原文260頁）接受教會聘用，是復臨教會教牧人員個人的選擇。可是他一旦成為教會的工作人員和領袖，就對教會組織負有一定的義務。

一、**信任領袖**——儘管教會領袖不能說是完美無瑕的，但他們依然是教會根據要求建立的權威。雖然不同意見的討論是允許的，也是很好的，但一旦作出了決議，牧師就有責任支持領袖。「但願我們對弟兄們的智慧懷有信任的精神。」（《給傳道人的證言》，原文500頁）

二、**要請教領袖**——如果你著手進行任何活動，會影響你平常傳道時間的話，要先請教領袖。當你要購買或建造一所房屋，或報名參加某種課程，或邀請客人到教會講道時，請教領袖是有好處的。

三、**對領袖負責**──復臨教會的行政組織採用代表制，而不是會眾制。所提供的民主程序既賦予權利，也賦予對教會的領袖們負責的義務。我們既要考慮一個教會的需要和願望，也要顧及其他教會和全球工作的更大視野。

北亞太分會：3個聯合會和2個區會
（資料來源：北亞太分會官網2019/03/25）

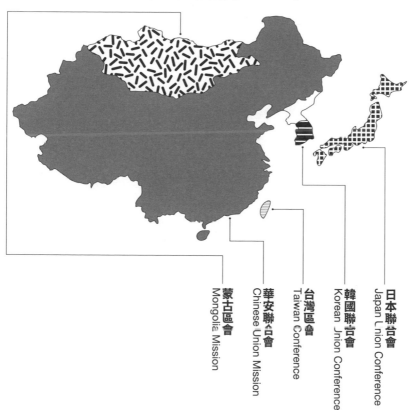

蒙古區會
Mongolia Mission

華安聯合會
Chinese Union Mission

台灣區會
Taiwan Conference

韓國聯合會
Korean Jnion Conference

日本聯合會
Japan Lnion Conference

全球組織圖：14個分會和1個特別區

（資料來源：全球總會官網2019/03/25）

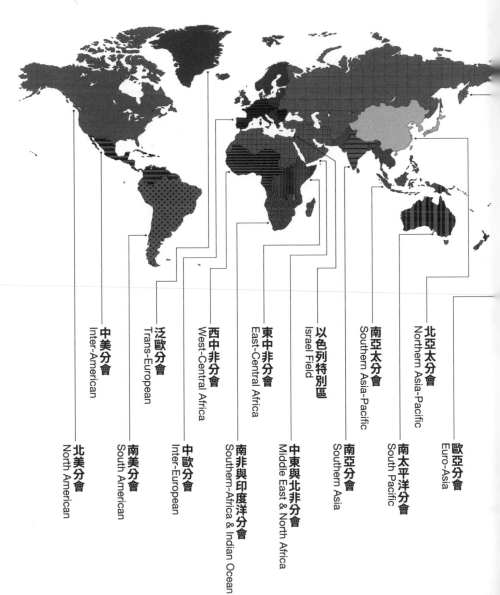

中美分會
Inter-American

泛歐分會
Trans-European

西中非分會
West-Central Africa

東中非分會
East-Central Africa

以色列特別區
Israel Field

南亞太分會
Southern Asia-Pacific

北亞太分會
Northern Asia-Pacific

歐亞分會
Euro-Asia

北美分會
North American

南美分會
South American

中歐分會
Inter-European

南非與印度洋分會
Southern-Africa & Indian Ocean

中東與北非分會
Middle East & North Africa

南亞分會
Southern Asia

南太平洋分會
South Pacific

第 **12** 章

部門服務

DEPARTMENTAL SERVICES

總會設有多種服務部門，旨在提供項目和資源幫助教牧人員和教會。這些部門大都在分會、聯合會和區會有相應的機構，所以先在區會層面接觸這些部門。如果不能，才與上一層組織聯繫。《復臨年鑑》（Adventist Yearbook）有全世界各教會組織的通訊錄，若要查詢可至網址：adventistyearbook.org。例如：

總會總部辦公室

- 地址：**12501 Old Columbia Pike, Silver Spring, Maryland 20904-6600, U.S.A.**
- 電話：**（301）680-6000**
- 網站：**www.adventist.org**
- 傳道協會網址：**www.ministerialassociation.com**

www.adventist.org
總會網址

www.ministerialassociation.com
傳道協會網址

下列各部門資訊均按英文字母順序排列，並簡要介紹各部門成立的宗旨和其性質。若想知道關於各部門的最新資料，請查閱網址www.adventist.org和各部門網頁。

- 復臨院（校）牧事工部 **Adventist Chaplaincy Ministries**（簡稱**ACM**）

- 安澤國際救援協會 Adventist Development and Relief Agency（簡稱ADRA）
- 復臨聖工部 Adventist Mission（簡稱AMD）
- 復臨信徒世界廣播電台 Adventist World Radio（簡稱AWR）
- 聖經研究所 Biblical Research Institute（簡稱BRI）
- 兒童事工部 Children's Ministries
- 公關傳播部 Communication
- 教育部 Education
- 家庭事工部 Family Ministries
- 健康事工部 Health Ministries
- 傳道協會 Ministerial Association
- 捐贈計劃及信託服務部 Planned Giving and Trust Services
- 公共事務及宗教自由部 Public Affairs and Religious Liberty（簡稱PARL）
- 出版事工部 Publishing Ministries
- 安息日學和個人佈道部 Sabbath School and Personal Ministries
- 管家部 Stewardship
- 懷愛倫著作託管委員會 White Estate
- 婦女事工部 Women's Ministries
- 青年事工部 Youth Ministries

復臨院（校）牧事工部（ACM）

宗旨——復臨院（校）牧事工部將福音事工擴展到地方教會以外的環境。生活在那環境的民眾處在危機中，需要聽到福音，復臨院（校）牧事工部鼓勵並協助裝備地方教會能有效地照顧這些群體和他們的傳道人之需要，以及教會內外特定人群的需要。這些包括復臨教會體系的學校和公共教育體系學校的學生、監獄部門的受刑人、醫院的病患、軍隊人員等。

項目和資源——復臨院（校）牧事工部在神學上鼓勵、支持神學的訓練，並授權復臨體系的傳教士在教育單位、監獄部門、醫療機構、軍事部門、志工服務機構和其它單位擔負牧養之責，並提供多種支援功能。

教會授權。這是院（校）牧事工部授權的正式程序。許多雇主和發證機構都要求提供教會正式認可的證明。

教育。復臨院（校）牧事工部為世界各地的院（校）牧提供或計劃安排大量專業進修課程，在各分會設立當地的院（校）牧訓練計劃。傳道人也經常參與這些項目。所有這些教育課程均由教會教育機構主辦，這是向全世界的教會提供教育機會的課程。

《復臨院（校）牧》（Adventist Chaplain）是以院（校）牧和教會領袖為對象的季刊。

《院（校）牧手冊》（Chaplain's Manual）綜述在各環境下從事院（校）牧服事的原則。另外為神學院的學生、院（校）牧人員、教會領袖等提供一套全面介紹院（校）牧事工的互動DVD，幫助院（校）牧應付在專業持續發展的要求，並且還編制其它手冊和資料應付新的需要。在有些分會，還包括了軍牧以關照軍事部門的人員。

《為了上帝和國家》（For God and Country）提供文字版和電子版的教育資源，探討與軍事有關的問題。

另外，擔任公職的復臨信徒還可以獲得其它教會書刊和培靈服務。

復臨院（校）牧事工部為院（校）牧和有志擔任院牧的人提供職業指導，為考慮參加軍隊和公共服務，以及其它相關職業的青年提供指導和教育。復臨院（校）牧事工部還協助院（校）牧人員指導信徒處理這些事務。該部經常與院（校）牧人員以及其它部門，如公共事務及宗教自由部、法律總顧問辦公室合作，處理復臨信徒在院（校）牧服務的環境裡所面對的宗教自由問題。

安澤國際救援協會（ADRA）

安澤國際救援協會（以下簡稱「安澤」）深入125個國家，為需要協助以滿足基本需求的人服務，比如食物和水、謀生技

能、醫療保健、基礎教育（識字與基本算術）、在某災區不再受世界關注後，持續協助當地的基本生存需求和重建，以計劃可供持續發展為基本原則。安澤除了提供即時救援外，還致力於設計長期關照辦法。透過這些計劃，人們可獲得自身發展的主動權，維持穩定和成功。

食物和水——安澤配合社區，設法獲得可靠的食物供應，包括玉米、豆類、稻米、植物油、罐頭食品、高營養餅乾，以幫助補充熱量。此外，安澤還提供所需資訊和指導，幫助生產安全的作物，透過挖掘新井、改造舊井以獲得清潔的飲用水，改進灌溉系統，使人畜獲得充足的供水。

基礎教育（識字及基本算術）——許多人若要打破長期的貧困循環，就需要進行基礎教育的訓練。正如安澤計劃所證實的，學習這些基本的技能，包括讀、寫和計算，從根本上改變了人的生活，同時提高他們從事日常活動的能力。

謀生——幫助個人，特別是長期受人鄙視的婦女自食其力。透過提供少量貸款，教導他們如何創辦和經營小型企業，大幅改善生活條件走上致富的道路，使他們掌握自己的經濟福利。這會刺激並產生連鎖反應，增加更多的創業機會，促進地區的經濟。

醫療保健——基本的醫療保健教育著重於嬰兒的高死亡

率、婦女衛生、愛滋病、瘧疾、結核病、缺乏醫療資源等問題。這些健康問題的處理可以透過培訓醫療保健方面的志工，到社區教導愛滋病防治、生育計劃、識字，並說明不良的健康對家庭經濟福利的影響等知識來解決。這種全面的宣導成為一種催化劑，提高整個社區的健康意識和態度。

緊急應變——任何時候都有可能發生自然或人為的災難。因此安澤在問題發生之前，事先就準備可供救援的物資——食物、衣服、水、帳篷和醫療設施。這樣，在災難發生之後，就能即時提供幫助，重建住宅和基礎設施，開發項目支持災民在經濟上重新自立。

復臨聖工部（AMD）

宗旨——復臨聖工部致力在尚無復臨教會接觸的人群中建立復臨團契，為尚未接觸福音的人帶來希望。復臨聖工部透過材料、資源和各項計劃，宣講並告知教會教友們有關基督復臨安息日會在全球各地方的聖工活動，從而提高佈道的意識。這包括向教會信徒報告聖工捐的成果，以及繼續支持這些聖工捐的重要性。

項目和資源——向教牧人員提供資源，在全世界分享聖工的挑戰和機會。資源包括聖工日誌、照片、播客（Podcasting）、投影片（PPT）製作、影片、電子期刊、《全球宣教先鋒》（Global Mission Pioneer）和聖工見證。復臨聖工部

每季都會製作《聖工消息》（The Adventist Mission）DVD，免費發放給各分會，供地方教會使用，其中包含第十三安息捐的奉獻計劃，以及聖工捐所支持的、各分會廣大的傳道工作。

《兒童聖工消息》、《聖工消息》季刊是刊載各國聖工見證的季刊，特別強調第十三安息捐的聖工計劃。這些季刊資料適於在安息日學節目或其他時間呈現並宣傳。

三種全彩的全球佈道通訊季刊：《前線》（Frontline Edition）、《祈禱日曆》（Prayer Calendar）和《圖畫故事》（Picture Story）登載全球佈道工作的故事、報導和圖片。

「傳道週」（Mission Week）是一個為時五天的靈修課程，旨在激發5至14歲的孩子在傳道上的熱情。這些課程包括影音故事、腳本和各種活動，為教導、啟發和鼓勵孩子參與教會的傳道工作。

「種子」（SEEDS）每年在美國密西根州貝林泉的安德烈大學（Andrews University）舉行，旨在啟發和提供資源以幫助建立教會、支持建立教會的傳道活動。

「教會工作」（ChurchWorks）研討會應地方教會的要求而舉辦。這些課程是為傳道人員和其教會中的平信徒領袖核心而設的。此研討會致力於幫助教會領袖找出願景，並助他們制訂適宜策略，好接觸社區裡的每一個人，運用每一個信徒的屬靈

恩賜和教會的所有事工部門對外傳福音。

　　現今，五個「全球佈道宗教研究中心」（Global Mission Religious Study Center）正研擬方法、途徑和工具，幫助全球教會有效而恰當地，對其它宗教信仰的人們傳福音，包括猶太教、伊斯蘭教、佛教、印度教、無神論者和後現代主義者。他們向傳道者、全球佈道先鋒和其他教會成員提供服務，包括各種課程、培訓會議、研討會、網站，以及許多不同語言版本的資訊。

復臨信徒世界廣播電台（AWR）

　　宗旨——復臨信徒世界廣播電台是復臨教會廣播佈道的有力工具，以短波、調幅／調頻廣播（AM/FM）、衛星、互聯網廣播和播客（podcasting）為途徑放送。這些節目把福音傳給受到政治限制、對基督教有文化隔閡、或因地處偏遠而難以接觸福音的人群。其使命在於把復臨信徒在基督裡的盼望，傳遞給世界上不易聽見福音的人群，且這福音是採用他們自己的語言來放送。其主要目的是與生活在赤道以北10至40度地區、約72個國家裡的人口分享福音。他們佔全世界人口的三分之二，其中只有不到2%是基督徒。廣播範圍遠達非洲、歐洲和拉丁美洲。廣播節目由每個國家、或以該國語言為母語的工作團隊負責製作，旨在接觸非基督徒的聽眾。

　　節目和資源——廣播節目表刊登在AWR網址上。可搜索某一國家的節目，也可獲得全部的節目單。

播客（podcasting）透過互聯網向世界各地提供各種語言的廣播節目。播客的信息可以作為見證廣為傳播，也可供個人分享。

節目所提供之激動人心和熱忱的聖工見證可以在安息日學分班、崇拜聚會或其它場合分享。從網址上還可以獲得電子期刊《靈感》（Inspirations），印刷版的電子期刊《傳播》（Transmissions），以及DVD。

推廣年度奉獻的資源可從AWR辦公室或網址獲得。

可與AWR辦公室接觸，安排人在教會節目、帳篷大會、或其它場合宣導；可申請手冊、影音資料、為演講預備的投影片、兒童活動單張或其它新資源。在AWR廣播範圍的教牧人員可以獲得對節目感興趣之聽眾的聯絡資料，以利後續工作。

《聖經》研究所（BRI）

宗旨──《聖經》研究所（BRI）旨在提倡復臨教會神學的研究與實踐，及全球教會對其生活方式的理解。研究所為總會和教會的管理，及各部門的工作提供神學資源，致力於教義和神學上的討論，加強對《聖經》真理的認識和遵從。

《聖經》研究所鼓勵和推動基督復臨安息日會神學組織的交流，致力於促進全球教會教義和神學上的統一。研究所還指導《聖經》研究所委員會的工作。該委員會是由來自世界各地的成員組成。

項目和資源——《聖經》研究所為教牧人員提供多種資源，包括網站書店的書籍，還有網站上關於復臨派教義和神學、以及教牧人員感興趣的其它問題的文獻。此外，研究所還會時常舉辦《聖經》研究和神學研討會。

兒童事工部

宗旨——兒童事工部旨在透過下列活動，培養十四歲以下的兒童與耶穌建立親密的關係，並事奉祂。❶恩典導向的佈道。讓兒童體驗耶穌無條件的愛；❷多元佈道。重視一切兒童和志願者，不分種族、膚色、性別、語言和能力；❸領導才幹訓練活動。對志願者進行鼓勵、訓練和裝備，使他們能有效地為兒童服務。❹服務導向的佈道。給兒童分派可行的服務項目，向社區傳福音。❺跨領域合作活動。該部門藉此與其它部門密切合作達成共同目標。❻安全宣導活動。教會以此宣導活動，保護兒童免受身體、精神、情感和性方面的侵害。❼傳道活動。讓尚未進入教會的兒童透過「假期聖經學校」（Vacation Bible School）和「故事時辰」（Story Hour）等宣教活動被帶到耶穌面前。

項目和資源——兒童事工部與傳道協會合作出版了《給牧者和長老的兒童佈道手冊》（Pastor's and Elder's Handbook for Children's Ministries）。這本為教牧人員和長老製作的實用指南可為兒童領袖提供幫助、支持和鼓勵，使他們充分運用自己的

恩賜和光陰培養孩童的信心。

《耶穌愛我我知道》（學習本）以及《全心全意信靠祢》（研讀本）都是對教牧人員十分有用的工具書，可幫助他們指導兒童理解《聖經》和教會的基本信仰。網址上有該部門其它資源的更多信息，以及如何訓練兒童事工協調員，並協助地方教會組織兒童事工。

公關傳播部

宗旨——公關傳播部致力於打造希望的橋樑，為教會及其使命、生活和活動樹立良好形象，鼓勵人們成為基督的門徒。這些橋樑的完成，是藉著分享準確的信息，使用現代技術和溝通方法，接觸教會內外、多元的群眾，用開放、負責任和充滿希望的溝通項目，在各群體之間建立起信任。

項目和資源——復臨新聞網超越單一教會的牆垣，提供本會國際的信息。教牧人員、行政人員和教會信徒都可以收到並提供關於教會成就、挑戰和機會的新聞。這些新聞可以和教會信徒分享並激勵他們，能與所服務的社區交流。

教育部

宗旨——各教會的教育部要與其分會的教育部幹事合作，負責協調、提倡教會的教育課程，保證其質量。教育部的角色是藉著其宗旨，幫忙協調教育國際董事會（International Board of Education），傳道和神學教育國際董事會（International Board of Ministerial and Theological Education）和基督復臨安息日會院校認證協會（Accrediting Association of Seventh-day Adventist Schools, Colleges, and Universities）能發揮它們的功能。這三個董事會授權新的機構和課程，評估學校能支持教會的使命和認證標準的程度有多寡。

教育部向各董事會、行政人員和復臨高等院校的教職員提供服務，包括為教師舉辦信仰和學術研討會，為行政人員舉辦專題討論會，為各級學校提供指導。該部協助教會和學校領導處理校董會管理事務、策略計劃和認證事宜。

教育部的刊物有《復臨教育雜誌》（the Journal of Adventist Education），提供對復臨學校教師和行政人員最為重要的信息；《對話》（Dialogue），針對高等院校學生中的復臨信徒，他們或在本會高等院校就讀。這些刊物是聯繫教會與全世界復臨信仰師生的工具，現有英語、西班牙語、葡萄牙語和法語版。

教育部與青年事工部和復臨院牧部合作，與本會體系外高等院校學生中的復臨信徒保持接觸。這項工作最好與有復臨信徒就讀的公立高等教育機構之當地教會、其教牧人員配合進行。

項目和資源——教育部提供各種資源如下：

❶《復臨教會傳道和神學教育手冊》（Handbook of Seventh-day Adventist Ministerial and Theological Education）

❷《復臨教會高等院校屬靈導師計劃之建立與實施指南》（A Guidebook for Creating and Implementing a Spiritual Master Plan on Seventh-day Adventist Campuses of Higher Education）

❸《高等教育品質管理》（Quality Management in Higher Education）

❹《高等教育策略計劃》（Strategic Planning in Higher Education）

❺《擎光者：復臨教會史》（Light Bearers: A History of the Seventh-day Adventist Church）

❻《為世界大發熱心：復臨教育史》（In Passion for the World: A History of Seventh-day Adventist Education）

❼一套35冊的叢書《課堂裡的基督：復臨教育法——信仰與學習之融合》（Christ in the Classroom: Adventist Approaches to the Integration of Faith and Learning）

除上述資源外，在安德烈大學的協助下，教育部建立了基督復臨安息日會擁有學士或碩博士專業人員之人力資源數據庫。

家庭事工部

宗旨——家庭事工部旨在加強家庭這個培靈中心。家庭是學習屬靈及其他生活價值觀，並培養與上帝、與人們之密切關係的主要場所。家庭事工部主要關注夫妻、親子並兄弟姐妹的關係，以及其他更大的家庭範圍。

作為一個慈善的部門，家庭事工部致力於幫助家庭實現上帝的理想，同時引導人理解在不完美的世上會遭遇的挫折。家庭事工部設法幫助家庭維持健康、良好的情感成長，致使家庭能幫助建設強大的教會，對社會展示有吸引力的見證。家庭事工部培養在處理關係時所需要的溝通技能，透過家庭生活教育和改善，提供成長的機會。該部雖然不具備諮商功能，卻鼓勵個人、夫婦和家庭在需要的時候謀求專業的幫助。

項目和資源——對家庭的全面服務，包括對所有準夫婦的婚前輔導、定期的婚姻加強活動、父母的教育、對單身人士的相關需要、單親家庭和再婚家庭的特殊需要、家庭對家庭的佈道指導，支持教牧人員幫助有特殊需要的家庭等。為了更有效地完成這些事工，教會堂董會委員可以設立家庭事工委員會。為了幫助教牧人員、地方教會領袖和家庭事工委員會，家庭事工部提供以下資料：

各類家庭事工手冊。總會家庭事工部及分會之相應部門已為指導這項事工編制了下列手冊：《關懷今日的家庭》（Caring

for Families Today)，《牧者和長老家庭事工手冊》（The Pastor's
and Elder's Handbook for Family Ministries，由傳道協會出版），
為促進教會裡的家庭事工提供方向和指導。

課程大綱的相關書籍。家庭事工部協調編制全球教會課
程大綱，指導全面的家庭生活教育。所出版的書籍為教牧人
員和負責家庭事工的領袖歸納了家庭教育的核心內容。如《人
類的性：與你的孩子分享上帝恩賜的奇蹟》（Human Sexuality:
Sharing the Wonder of God's Good Gift With Your Children）。

年度計劃書。家庭事工部每年都會製作一本年度計劃書，
書中資源包括證道、小型研討會、見證分享、指導文章和書
評，可以作為支持教會計劃和安排年度基督化家庭和婚姻週
（二月）和家庭和睦週（九月）主題的資源。

特別課程資源。家庭事工部還預備並製作了特別課程資
源，供教牧人員和教會領袖用於當地教會。如《為婚姻作準
備》（Preparing for Marriage，有關婚前指南），《關心婚姻》
（Caring for Marriage，有關婚姻改善），《你不孤單》（You Are
Not Alone，有關單身服務），《平安和醫治：讓家庭擺脫暴力》
（Peace and Healing: Making Homes Abuse Free，有關家庭暴
力），《啟動連接》（Jumpstart Connections，有關小型佈道會文
本、音頻廣播材料等）。

領導技能的拓展。家庭事工部透過頒授家庭生活教育證書課程，提供領導技能的拓展。透過總會可以獲得適用於分會、聯合會、區會部門幹事的課程資源。與區會家庭事工部幹事接觸，可以獲得平信徒領袖家庭事工拓展課程和證書。

聯絡資訊——想進一步獲得該部更多信息和資源，請聯繫區會家庭事工部幹事或總會家庭事工部辦公室。地址：Family Ministries Department, General Conference of Seventh-day Adventists, 12501 Old Columbia Pike, Silver Spring, MD 20904, U.S.A.

健康事工部

宗旨——健康事工部旨在透過關注人類的整體健康，顯示我們主耶穌對人的同情和關懷。健康的福氣需要在信徒和社區中培養、分享和推崇。健康事工作為福音佈道和教會使命的重要部分，其功能包括宣講、教導和治療。雖然這項事工的部分功能是幫助恢復健康，但它的本質是要顯示基督的一切榮美。

健康事工部積極表達關懷照顧。此健康宣教部門致力於照顧教會會眾，以及會眾所生活的在地社區。

項目和資源——各級教會組織的健康事工部負責製作和分享多種資源。包括青年輔導、壓力管理、戒菸、促進健康生活方式、健康博覽會資料、現成的講章和教育課程。關於這些資

源和其他課程訊息，可以在健康事工部網址上找到。

聯絡資訊——聯繫健康事工部或瀏覽該部之網站可獲得數以百計的健康資料、DVD、CD和健康輔導材料。

傳道協會

宗旨——基督復臨安息日會總會傳道協會透過主辦和參與研討會、傳道者會議和各種不同的資源，向教牧人員提供支持、專業進修教育、鼓勵和資源。

項目和資源——傳道協會所提供的資源列在下面。可與傳道協會聯繫，索取最新目錄。

傳道和教會增長部負責向教牧人員提供傳道支持和資源。

傳道資源中心（The Ministerial Resource Center, MRC）出版各種題材的書籍、小冊子、單張、CD和DVD。在大多數情況下，教會需要預訂，以便把成本降到最低。

《傳道者》（Ministry）是教牧人員的國際期刊，從1928年開始出版，發行對象是復臨教會和其他教派的教牧人員。復臨教會的教牧人員可以透過聘用他們的組織獲得該雜誌。

傳道專業成長研討會。透過衛星和網站為世界各地的教牧人員舉辦研討會，並協調向其他教派的教牧人員提供《傳道者》雜誌。

給長老的資源。有專為教會長老提供各種資訊，包括《長老文摘》（Elder's Digest）。這份雜誌是透過各區會提供給世界各地的長老。另外還與其他教會組織合作，舉辦長老培訓研討會。

女牧者及神職人員家庭。特別為教牧人員的配偶和家庭舉辦研討會並提供資源。除了在世界各地舉辦活動之外，還出版《女牧者》（Shepherdess Journal）雜誌，由各區會供應。

聯絡資訊——可以與傳道協會的相關單位項目直接聯繫，也可以與傳道協會主要辦公室聯繫，以便將你的申請或需求轉達給負責人員。

捐贈計劃及信託服務部

宗旨——捐贈計劃及信託服務部是高度專業化的佈道事工部門，幫助信徒和教會的朋友們預備捐贈計劃所需的法律文件，如遺囑、信託、年金、合併收入捐贈和直接捐獻。教會透過符合捐贈者當地法律程序的捐贈計劃，鼓勵並促進上帝聖工的擴展。為了幫助信徒實現他們的捐贈和經濟目標，捐贈計劃及信託服務部工作人員與其他專業人員合作，包括與律師、會計師、理財師等合作。

信託主要有可撤銷的和不可撤銷的兩種：❶可撤銷信託允許委託人撤回部分或全部資產，在有生之年對財產享有完全的

處置權。在逝世時資產有效地轉移給受益人，除了遺囑認證和行政收費之外。❷不可撤銷的信託則將資產授予教會，與終生收入同時享有直接稅收優惠。

項目和資源——該部門提供八冊一套的小冊子《規劃生命週期》（Planning for the Cycle of Life），針對不同的年齡、家庭和生活狀況，說明該部所提供的資源及協助方式。配合這套小冊子，還有一系列不同規格的說明廣告，從整個頁面至1/8頁面大小。另外還有對教會公告、佈告欄、十分之一奉獻袋、教會期刊和其它通訊工具的建議。

捐贈計劃及信託服務部舉辦大量研討會，適合安排在教牧人員會議、帳篷大會、教堂和其它地點舉行的家庭理財規劃會議之中。捐贈計劃及信託服務部經常與律師、會計師、理財師和其他專業人員合作，在教堂或其它退修場所舉行研討會。

公共事務及宗教自由部（PARL）

宗旨——公共事務及宗教自由部（PARL）目的是促進和捍衛宗教自由。宗教自由包括有權按照自己的選擇信奉和接受宗教，根據良心改變宗教信仰，個人或在團契中對同道透過崇拜、實踐、見證和教導表達信仰，並尊重他人的同樣權利。

該部主要是接觸政府和其他教會，並且與對宗教自由有相同目標的非政府組織保持聯絡。公共事務及宗教自由部不僅致

力於教會信徒個人和整體教會組織的宗教自由，還支持全球各地的個人信仰自由。

鑑於基督復臨安息日會對善惡之爭和人類末世事件的理解，以及當中所涉及的政教聯合、摧毀宗教信仰的自由、對忠心餘民造成的逼迫，公共事務及宗教自由部都致力於觀察預言的走向並詮釋當下的趨勢。

項目和資源——參與宗教自由節、地區宗教自由大會、年度宗教自由獎聚餐、公共事務及宗教自由部專家會議、《**全球信仰和自由**》電視節目、宗教自由世界大會、研討會、宗教自由宣傳安息日。分發《**宗教自由領袖手冊**》（Religious Liberty Leader's Handbook）、國際宗教自由協會雜誌《**信仰與自由**》（Fides et Libertas）、《**宗教自由世界報導**》（Religious Freedom World Report）、《**自由**》（Liberty）雜誌。

出版事工部

宗旨——出版事工部為教會信徒和更廣泛的市場服務，主要提供屬靈培訓和對公眾佈道使用的印刷品。為了達成這些目標，本部設法：❶動員教會信徒參與，把書刊分發給別人，作為對外佈道的一部分。❷鼓勵人以文字佈道作為全職事工，並提供訓練和監督。❸鼓勵信徒為屬靈的培養和成長購買和研讀靈修書籍。

　　項目和資源——出版部人員為教會提供文字事工研討會和文字佈道聚會，使信徒們認識自己對文字佈道的參與並需要。文字佈道研討會項目為文字佈道士提供訓練，讓他們知道如何在教會領導和佈道工作中協助教牧人員。可招聘學生們在假期時參加文字佈道活動。

　　本部每年與各地復臨出版社合作，選擇年度佈道用書，作為對外佈道的材料，在全世界發行，並鼓勵各教會建立圖書館或閱覽室作為佈道之用。

　　出版社透過各復臨書刊中心、帳篷大會和各教會舉辦的售書活動，以優惠價提供復臨書刊。特別適合於文字佈道的書籍有《文字佈道》（Colporteur Ministry）、《論出版：文字的力量》（Publishing Ministry）和《恩典的奇蹟》（Miracles of Grace），這是一本見證晨鐘課，提供365個文字佈道士的故事。

　　其它文字佈道資料包括教會出版協調員手冊、文字佈道訓練材料打印稿、相關投影片、介紹書籍和雜誌的影片，以及關於招聘普通文字佈道士和學生文字佈道士的影片。文字佈道的雜誌包括《文字佈道士》（Literature Evangelist）雜誌和《出版領導文摘》（Publishing Leadership Digest）。

安息日學和個人佈道部

宗旨——安息日學和個人佈道部透過對團契、佈道、研經

和宣教各方面的平衡發展，致力於進行安息日學和個人佈道工作。該部也透過適合各年齡層的互動式宗教教育，為各地教會的造就提供指導、資源、訓練、創造能力和靈感。

項目和資源——該部所提供、最廣為人知及使用的資源，是為不同年齡層所規劃的研經教材（學生本），包括2歲以內、3至5歲、6至9歲、10至14歲、13和14歲、15至18歲，以及19至35歲以上。每一種學課都配有教師手冊和其他課程的參考資源。安息日學和個人佈道部為成人安息日學課的編寫提供指導意見。

《**安息日學補充**》（Enriching Sabbath School）是包含領袖指南的影音節目，允分研究和開發成人安息日學的四個核心內容。其它可以獲得的媒體包括《**安息日學大學**》（Sabbath School University），是一個每週30分鐘的錄影節目，透過衛星廣播、網路平台、視聽播客提供。

為成人安息日學課程預備的資源亦可透過《**安息日學優質教具**》（Cool Tools for sabbath School）取得，可從本部網址下載，特別幫助安息日學各部領導人員。各類主題包括：監督、教學、文書管理、投資，安息日學分部、音樂、祈禱、團契、拓展和使命。本部還提供訓練專題討論會和研討會，以改進安息日學課程的學習品質。

基督徒傳道國際學院為成人宗教教育、兒童宗教教育、地方教會領導、個人傳道、公眾佈道、青少年和青年宗教教育提供課程和證書。

《接觸和拓展系列》(Reaching and Winning)系統性地介紹了接觸特殊信仰群體的方法，目前已有針對伊斯蘭教、印度教、佛教等小冊。這個系列不斷有新書加入，適合作為訓練個人見證技巧、開展查經、教會領導和其他傳道工作在專題討論會和研討會上介紹之用。

討論會和研討會。另外亦舉辦關於復臨社區服務的專題討論會和研討會、培訓班和提供資源，幫助教會領袖和信徒大量參與社區服務。《社區服務手冊》(The Handbook for Community Services)和該部網址可提供進一步的資料。

《聖經》函授學校的申請可透過廣播、電視、網站、其它媒體和各種廣告提供《聖經》課程，使學生可以與教會拓展部門接觸。教會可以據此建立地方性的《聖經》學校(如探索《聖經》學校)。這樣的《聖經》學校可以使信徒吸收學生參與活動，並提供一對一交流，小組、網站、影片、DVD和牧者通信的課程。本部提供資源、諮詢和培訓。

管家部

宗旨——管家部提供並提倡以主耶穌基督為中心的全面管

家教育。在此神學基礎上，管家代表的是服務、犧牲和與上帝相交的生活方式。這包括各方面的財務管理之責，包括告知、鼓勵和提醒教會的信徒負有屬靈的責任，把十分之一和感恩捐獻給上帝，作為他們與祂立約的證明。這些忠心和感恩之舉是上帝在信徒心中動工的外在表現，以及承認上帝是生命的創造者、主宰和維持者之愛的回應。

項目和資源——本部提供傳道資源可供個人研究和作為教會管家教育的工具。這些資源列在該部網站書籍、小冊子、研討會資料和雜誌項目下，網站還含有更多最新的資料，這些資料也可以向總會管家部訂購。

書籍中有《管家探源》（Stewardship Roots），是對管家、十分之一（以下稱什一）和捐獻的神學探討；《懷愛倫著作中的什一》（Tithing in the Writings of Ellen G. White），研究《聖經》對懷愛倫什一見解的影響。主題包括什一和屬靈生活的動機、什一的合理性以及什一的使用。《新約和基督教會的什一》（Tithing in the New Testament and the Christian Church）論述早期教會如何運用什一支持福音佈道；《教會經濟策略》（Strategic Church Finances: A Biblical Approach）是為期兩天的《聖經》研討會，探討建立在理解《聖經》管家原則基礎上的教會經濟策略。

管家研討會《以上帝為神：聖經管家的基礎》（Let God

Be God: Biblical Stewardship Foundations），提供三張一套的
DVD，探討管家的《聖經》基礎。管家雜誌《充滿活力的管
家》（Dynamic Steward）季刊，登載文章、講章、書評和其它
聚焦特殊話題的傳道工具。

懷愛倫著作託管委員會

宗旨——懷愛倫著作託管委員會按照懷愛倫的遺囑成立，
旨在管理她的著作，其五個受託人負責保管她的信箋和文稿，
維護她的版權，推廣她的英語著作，協助翻譯成其它文字，按
需要進行編輯出版。此外根據總會的要求，託管委員會還向教
會提供有關懷愛倫和復臨派歷史的信息，並在世界各分會建立
研究中心。

項目和資源——作為懷愛倫著作的版權方，託管委員會與
出版社合作，印製懷愛倫著作，並促進其流通。從1990年以
來，託管委員會出版了電子版的懷愛倫著作。從1995年起建立
了懷愛倫著作網站。託管委員會的成員也會出席工人會議、帳
篷大會和其它類似的集會進行發言。

每年懷愛倫著作託管委員會都會準備一份講章，一個兒童
故事和其它材料，供教牧人員在每年十月份的年度懷愛倫著作
專題日使用。這些材料可以從託管委員會網站下載。此外網站
還提供許多懷愛倫著作的學習指南，其他作者論述懷愛倫一些
著作的全文，懷愛倫所有出版著作、可供搜尋的資料庫。網站

還包括每日靈修材料，給青少年和兒童的資源，教會先鋒的有聲版見證，和大量關於懷愛倫和預言之靈的材料，包括評論人士對她的指控。

婦女事工部

宗旨——婦女事工部支持、鼓勵和要求復臨教會的女性信徒在每日的生活中，作耶穌基督的門徒和祂世界教會的肢體。在這項宗旨之下，有六個待完成的挑戰議題：❶婦女的健康、❷虐待、❸貧困、❹工作負擔、❺缺乏領導能力的訓練和教育，以及❻不識字的問題。這些問題影響著所有不同文化、社會地位和國家的婦女。

本部的目標包括培養教會和社區婦女，幫助她們成為獻身上帝的堅強女性，從事《聖經》研究、祈禱、個人服務，並對社區裡的女性傳福音。

項目和資源——提供一個四級的訓練課程，即「婦女領袖證書課程」（Women's Leadership Certification Program），旨在提供女性領袖的訓練和其他相關議題的課程，同時也培養教會領袖的信心。

提供婦女傳道獎學金，為追求高等教育的復臨教會女性提供支持。

防治家庭暴力宣導日定於每年八月第四個安息日。婦女事

工部負責這個聯合各部門的年度宣導活動，重點是呼籲受虐婦女能勇於打破沉默。本部提供一系列的小冊，專為每年的宣導日預備。

《挑戰》（The Challenge Issues）是一套六冊的宣導手冊，內容為與婦女有關的一系列重要話題及資訊。《資源裝備》（Resource kits）這套書針對的則是單身女性、少女及年輕女性會面臨的特殊問題。

本部還提供三種期刊：《馬賽克》（MOSAIC）報導女牧者事工的消息。《我們的姐妹》（Our Sisters）旨在籌款支持獎學金計劃；《觸及心靈、告訴世界》（Touch a Heart, Tell the World）則報導女性傳道計劃和籌款項目。

愛滋病教育掛圖解說有關愛滋病的知識，提供照料愛滋病感染者的資訊。另外，該部門還安排了各種研討會幫助婦女個人的成長。該部每年還出版一本新的女性靈修書，登載女性所寫的文章。本書的收益將用來支援婦女傳道獎學金基金。

青年事工部

宗旨——青年事工部旨在提供救助和服務、幫助和支持教牧人員和教會爭取、培訓、留住和召回流失的青年人。該部協助教會制定目標、任務、計劃，進行培訓，裝備教會組織拯救青年，預備他們從事傳道工作。該部透過四個關鍵要點——門

徒裝備、領導能力、見證和服務，側重於培養基督徒理解和參與教會生活和社會服務。

項目和資源——該部提供《牧師和長老青年服務手冊》（Pastor's and Elder's Youth Ministry Handbook）、《青年佈道手冊》（Youth Ministry Handbook）、《前鋒故事》（The Pathfinder Story）、《復臨青年故事》（The AY Story）、《探險者故事》（The Adventurer Story）、《導師指南》（Master Guide）、《復臨青年領袖獎勵》（AY Leadership Award）和《前鋒領袖獎勵》（Pathfinder Leadership Award）。復臨教會的正式青年佈道用書是評閱宣報出版社的《做對了》（Getting It Right）。

各年齡層組織的功能包括：22至30歲的資深青年領導；16至21歲的信使團；10至15歲的少年前鋒會；6至9歲的幼年前鋒會。

《青年之聲》（Youth Accent）是供青年領袖和牧者使用的季刊。每年也預備青年禱告週的資料，以及為青年每週的活動預備材料。

有多種手冊為青年活動和青少年前鋒會和信使團等組織提供資料，另外還提供青年佈道服務的資料。

按計劃每五年在特定選擇的地點或國家舉行一次「世界青年和社區服務大會」（World Conference on Youth and Community Service）。透過各大學中心的學生會組織安排校園

佈道項目。這些佈道項目訓練學生對外宣教，舉行學生退修會，編寫用於這些場合的材料。

第 **13** 章

教會規章

CHURCH POLICY

教會的存在，從最廣泛的意義上說，是在於每個個體對上帝呼召的回應，上帝沒有呼召祂的子民各自分離，而是呼召他們結成團契，正如《聖經》所說：「不可停止聚會。」（來10：25）教會組織藉這種團契形式出現，為此，自然要有一種約定的組織結構。基督復臨安息日會為指導這個組織結構而確立了方針和程序，以利於教會機構的和諧運作。關於這些程序，主要有三本書作為參考準則：《教會規程》（The Church Manual）、《總會工作規章》（The General Conference Working Policy）和《牧師手冊》（The Minister's Handbook）。

《教會規程》

《教會規程》提供本會運作的方針，經總會大會確認和修訂，作為教會在組織和運作事務上的立場，只能由總會大會來修改。教牧人員負責在教會中執行其方針。「在總會開會的時候，從各地出席之弟兄的意見，一經議定，則私人的見解和自恃的觀念便應摒棄，而絕不可固執堅持。」（《證言》卷九，原文260頁）

《教會規程》也有其靈活度，以適應各分會版本裡所反映的不同文化和社會環境。有時這些方針明顯需要修訂，而這樣的修訂是出於教會所公認的需要，可以遞交區會並逐級反應到總會。

《總會工作規章》

　　《總會工作規章》（以及分會和聯合會的修訂稿）為各級教會機構的運作提供指南。這份規章由總會年會、分會年終會議根據需要審核、修訂和更新。

《牧師手冊》

　　《牧師手冊》為教會運作提供更多有關傳道事工的指南。本書是總會傳道協會與世界各地牧者和其他教會領袖商討後所編制，根據其需要而修訂。

牧师手册
Minister's Handbook

第 **14** 章

證書執照

CREDENTIALS AND LICENSES

宗旨

教會通過區會集體授權給個人擔任所認可的傳教士，代表教會發言。教會與聯合會一同負責監管傳道證書和執照的簽發。「聯合會和區會須共同負責，維護傳道工作的健全，並根據總會議案和慣例的要求，確保在當地頒發的證書證明持證者的品行端正，立場正確，可以接受其他任何服務地區的邀請。」（《總會規章》L60 05）

保護——證書和執照能保護會眾不受那些可能誤導、歪曲或攻擊教會之人的影響。為了保護講台，只有持本會有效證書的人和教會的固定成員，才可以應邀講道。但有時也可以讓其他人，如政府官員、民間領袖或特邀嘉賓對會眾講話。

受處分的傳道人——「傳道人可能因道德墮落、背道、貪污、盜竊、持續支持顛覆教會的活動，拒不承認教會的權威，或頑固散佈反對本會基本信仰的言論、不肯悔改而受到處分。」（見《總會規章》L60 20）

這樣的處分對於傳道人的影響可能是：❶**收回證書或執照**；❷**按手禮歸於無效**；❸**開除教籍**；❹**解除傳道、教學或領導職務**。「在可行的情況下，有關機構應對這位傳道人及其家屬提供專業和職業輔導，在過渡時期中幫助他們。」（見《總會規章》L60 30）

證書到期 ——證書和執照的期限依據聘用機構的簽發。只有通過主管機構的批准，才能延續。如果聘用機構不再聘用持證人，或者主管機構沒有延續證書或執照的期限，受聘人就不再擔任被授權的職員。持有過期的證書或執照並不能賦予原職員履行持證期任何職責的權利。

發證對象

受聘職工——「證書和執照只發給本會全職職員，以及受區會或本會機構監管的人。教會聘用期結束，證件即過期。在特殊情況下，證書和執照也可頒發給一些非本會聘用，卻在本會機構監督下為教會服務的人。」（《總會規章》E 10 80）證書也可發給醫院的院牧和學校的校牧（《總會規章》E 10 85–90）。「任何有權頒發證書的機構，都有權收回他們所發的證書。」

退休者——「聯合會要頒發榮譽證書給有權獲得這證書和居住在該聯合會區域內的本會職員，E 10 65所規定的情況除外。」（《總會規章》E 10 60）在多數情況下，「領取退休計劃福利的職員和領取軍人退休金的隨軍牧師，假如有資格獲得證書或其它證件，則可以向他們居住所在的聯合會領取。」（《總會規章》E 10 70）

退休的傳教士往往會至他居所附近的教會赴會。他們應該支持教牧人員的工作，因為教會仍需要他們，他們也有能力。他們與教會的關係和其它信徒一樣，但可以應邀主持浸禮、婚

禮、按立當地領袖，並履行正式傳教士的各種職責。

證書類別

證書和執照根據服務的類別頒發給本會的工作人員。對於新工作人員，先頒發執照。經過一段時間合格的服務，再頒發證書。

傳道證書（Ministerial Credential）──傳道證書只頒發給正式按立的傳教士。

傳道執照（Ministerial License）──傳道執照頒發給未按立、但朝這方面努力的牧師、傳教士和《聖經》教員等。「在某些情況之下，持照傳教士的職責和權力可以擴大，包括在所服務的教會履行按立的傳教士所行使的特殊職權。這種擴大職權的責任，屬於分會執行委員會。該委員會應明確規定在其轄區內牧者的職責已授權給持照的傳教士。」（《總會規章》L25 05）「區會執行委員會應根據分會的規定，將持證傳教士的職責授權給持照傳教士。」（《總會規章》L25 15）持照傳教士在獲得持證傳教士的職權之前應當滿足的最低要求是：完成傳道訓練課程，持有有效的證道執照，擔任教牧工作，在他們所服務的每一個教會被選為當地長老，被按立為地方長老。

專職傳道證書（Commissioned Minister Credential）──專職傳道證書頒發給助理教牧人員，聖經教員，總會、分會、聯合

會和地方區會的司庫及部門幹事，包括副幹事和助理幹事，機構專職傳教士，主要機構的主席和副主席，審計員（總會幹事，副幹事，各級地區幹事），基督徒文檔服務部地區主任。

專職傳道執照（Missionary Minister License）——專職傳道執照頒發給屬於上述專職傳道證書範圍內的工作人員，但他們只有五年以下的經驗。一般不會按立持有此證書的人員。

職員傳道證書和執照（Missionary Credential and License）——不屬上述範圍的職員發給職員傳道證書或執照，或類似的證書。

聖經教員（Bible Instructor）——聖經教員通常持專職傳道執照五年後，換發專職傳道證書。在頒發專職傳道證書和執照的地方，應把聖經教員包括在內。

實習傳教士

實習傳教士（Ministerial Internship）——發給傳道執照，而不是傳道證書，說明他們正在接受傳道訓練。「要提供一段服務時期，用於實際傳道訓練上。這個階段要在規定的傳道訓練課程學完後才正式開始。這段訓練時期，要在當地區會的督導之下服務，支領有限的薪金，為要證實其參與傳道事工的恩召。」（《總會規章》L10 10）

區會領導應確保實習傳教士在訓練有素、經驗豐富的傳教士幫助之下，獲得適當的、受到督導的各種經驗。總會傳道

協會編寫了《實習傳教士和導師手冊》(Manual for Ministerial Interns and Intern Supervisors)，旨在訓練實習傳教士的導師，再幫助他們去培訓實習傳教士。

證書與執照類別

類別	按立	備註
傳道證書 (Ministerial Credential)	已按立	專屬神職人員
傳道執照 (Ministerial License)	待按立	專屬神職人員
實習傳教士 **(Ministerial Internship)**	**待按立**	**持有傳道執照**
專職傳道證書 (Commissioned Minister Credential)	毋需按立	聖經教員滿5年後 可持此證書
專職傳道執照 (Missionary Minister License)	毋需按立	聖經教員持有
職員傳道證書和執照 (Missionary Credential and License)	毋需按立	一般職員持有
聖經教員 **(Bible Instructor)**	**毋需按立**	**持有專職傳道執照**

第 **15** 章

按立委任

ORDINATION AND COMMISSIONING

　　按立和委任的屬靈儀式，是表明教會承認蒙召被選的人在教會裡擔任領導和服務工作。這些屬靈儀式用於福音佈道和教會各部門的服務。

　　為特殊的服務而按立。——新約展示了一個有組織的教會，所有的基督徒都蒙召獻上屬靈的服務，也接受一班上帝特別恩召之人的管理和培養。他們被按手分別出來，從事特殊的服務。長老和執事是按屬靈的經驗和能力選任的（多1：5；徒6：3）。傳福音的服務工作，則來自上帝的特別恩召，除了揀選和按立十二使徒、擔任他們的獨特工作以外（可3：13-14），《聖經》還列出三種按手任命的職員：

按手任命	任務	經文出處
福音傳教士 （Gospel Minister）	講道和教導、主持禮節、牧養教會	提前4：14 提後4：1-5
長老 （Elder）	照管當地會眾、參與牧養工作	徒14：23;20：17 多1：5，9 提前3：2，5
執事 （Deacon）	照顧窮人、推行會眾的慈善救濟工作	腓1：1 徒6：1-6 提前3：8-13

　　按立和委任從事福音佈道工作——正如先知、祭司和君王經過膏油的按立，擔任特殊的職分，按手禮也表示承認上帝為特殊目的呼召了一些人。

按立和委任承認上帝的恩召，把人分別出來，任命他以特殊的能力服務教會。如此分別出來的人，成為教會授權的代表。教會藉著這個儀式授權給傳教士公開宣揚福音、主持聖禮，組織新教會，並在上帝聖言所確立的準則範圍內，向信徒提供指導。

按立和委任的禮節並不賦予被按立之人特殊的品格認證或闡述教義的能力。《聖經》有關這項禮節的背景，說明這只是公開委任一定職分，承認某人在該職分上的權威。教會藉此在上帝藉著傳道人所進行的聖工上加蓋了印記。在按手禮中，教會公開懇求上帝賜福給祂所揀選、獻身專門從事傳道工作的人。

按立和委任的資格——由於傳道人是在地上的組織中進行服務的，這個組織必須確認福音傳道恩召的真實性。上帝的恩召和祂的裝備，構成了傳道的第一步。由已獲授權的人評估這種恩召的真實性，並予以承認和確定，乃是第二步。

準備參與福音佈道工作的人應當表現出：

❶ 屬靈經驗——他們必須對主耶穌基督有深切而經驗上的認識與獻身，表現出以身作則的生活方式和名聲、精明的判斷、模範的家庭生活和積極的品格特徵。

❷《聖經》知識——基督化的牧者主要是蒙召宣揚聖道。因此準備接受按立的人心中應充滿真理，完全順從上

帝的聖言，願意探討和解明其正確含義。他們會證明
自己能夠在證道、施教和輔導中掌握和運用神學理論。

❸ **能勝任傳道工作**——準備接受按立的人必須表明上帝已
將傳道事工所需要的恩賜授予他們——就是使他們能宣
揚、維護、教導真理的知識與口才（弗4:12；提前3:1；
多1:9；提後2:2）；以及使他們引領、激勵和訓練託付
他們之會眾的領導能力。

❹ **有成果的傳道工作**——雖然基督自然會呼召並裝備祂的
僕人，賜福他們的努力，但準備接受按立的人仍須透
過救靈的成就，和牧養照顧他人的能力，顯明他們所
受到的傳道恩召。

按立和委任的職責——雖然按立和委任並不賦予領受者任
何特殊的能力，但它卻帶來嚴肅的責任，切莫等閒視之。福音
傳教士不屬於自己，而屬於上帝。他們的時間、才幹和生命要
毫無保留地奉獻給祂，因為他們是祂的代言人和祂教會的代
表，以牧養和救靈作為他們所肩負的重大責任。

授權按立

《總會工作規章》L35-50明確而詳細地闡述了福音佈道士
按立的標準和程序。雖然此條約主要針對男性的按立，但完全
可適用於女性的委任。這裡不再重複《規章》的全文，只是列
舉幾條原則。

準備──鑑於各分會有權制定按立所需年限，建議各分會要求除了正規教牧學歷之外，還要有四至六年的實際工作經驗。準備按立的最佳進度是十年時間，從大學學習到實際工作，包括四年本科學習，兩年研究生學習和四年實際工作。或者四年正規教育加上六年實際工作。

如果這段時間屆滿，認定候任人不適合按立，就要審查候任人傳道的呼召。如果區會普遍未能以適時的方式預備候任人，聯合會就要對其情況作出評估。

授權的程序──按立和委任福音佈道士是要把職員分別出來擔任神聖的工作。按立既不是對忠心服務的獎賞，也不是給職員增添頭銜或聲譽的機會。要充分協商，遵循《總會工作規章》L 45 05闡述的程序。未按立的牧師應就按立進程接受年度評估。評估應該由區會行政領導、傳道幹事和行政委員會所指定的其他幾位人士組成的委員會主持。關於這個程序，可從總會傳道協會所編的《評估策略手冊》（The Manual of Evaluation Instruments）中獲得有益的指導。

審查的程序──「候任人的審查由已按立的牧師主持。區會、佈道區、機構、聯合會、分會或總會委派的代表如果在場，也可以邀請他們協助審查。如果區會或佈道區執行委員會認為合適，可選一位或數位平信徒參加。」（《總會規章》L50）按立審查的程序如下：

❶ 由區會行政領導、傳道幹事和其他幾位執行委員會所任命的人組成一個委員會進行審查※。

　① 建議聯合會的傳道幹事，或在傳道幹事缺席的情況下由聯合會指定的另一位代表參與審查過程。

　② 如果候任人已婚，建議在審查的過程中邀請配偶參與審查，因為按立福音佈道士所牽涉的，不只是候任者一個人。

❷ 區會委員會考慮向聯合會委員會推薦。

❸ 經聯合會委員會批准。

　① 批准的正式通知要發給候任人，包括按手禮的時間和地點。

　② 進一步審查應主要集中在對候任人的肯定和鼓勵上。

※ 有時按立在教會的其它級別，如聯合會、分會、總會或教育機構舉行。這時上述機構的人員須按《總會規章》的指示執行類似的程序。

第 **16** 章

按手禮

ORDINATION AND
COMMISSIONING SERVICES

按立和委任是指教會正式把人員奉獻在領導和服務的崗位上。在復臨教會中，這包括福音傳教士、長老和執事。傳教士是聘用機構任命的。長老和執事則是他們所服務的教會選舉的。儘管在某些方面相似，但傳教士的服務期通常更長，更特殊，而長老和執事的服務通常包括在安息日的禮拜之中。

傳教士

按立和委任的儀式通常在區會的大會，如帳篷大會上進行，或在傳教士服務的教會舉行。帳篷大會雖然有更多教會的會眾參與，但限制了傳教士所服務教會的參加人數。

儀式的程序——下面是典型的儀式程序：

- 開會詩
- 祈禱
- 介紹候任人
- 特別音樂
- 短講
- 候任人回應
- 按立禱告
- 囑咐
- 歡迎
- 祝福
- 迎賓隊列

　　按立禱告──按立禱告時會眾通常低頭坐著。眾牧者和候任人也跪著。候任人跪在當中。參與儀式的人和其他方便接近的人跪在候任人周圍，一起按手。

　　按立的禱告承認上帝呼召這個傳教士從事聖工，需要上帝的能力幫助其履行職責。禱告祈求當眾牧者按手在候任人頭上，代表教會承認上帝的呼召時，上帝賜下聖靈能力的福氣。當禱告中提到按手時，每一位已按立的牧者要把手按在候任者頭上，或者把手按在已按手於候任者頭上的牧者身上，這樣所有的牧者就都參與了按立。

　　囑咐──禱告完畢，眾牧者起身，進行囑咐：

　　　上帝已呼召你參加傳道工作。教會承認這呼召，藉著按手禮將你分別出來。你現在已被賦予牧者全部的職權。人類尊榮沒有比這更高的了，但這尊榮也包含重大的責任。

　　　我囑咐你要像僕人那樣服事，以主為你終生學習的榜樣。花時間與耶穌相處，你就會變得像祂，因為藉著仰望，我們會得到改變。「學生不能高過先生，僕人不能高過主人。學生和先生一樣，僕人和主人一樣，也就罷了。」（太10:24-25）

　　　「你們當以基督耶穌的心為心。祂本有上帝的形像，不

以自己與上帝同等為強奪的，反倒虛己，取了奴僕的形像。」（腓2:5-7）

「你要和我同受苦難，好像基督耶穌的精兵。凡在軍中當兵的，不將世務纏身，好叫那招他當兵的人喜悅。」（提後2:3-4）

「總要在言語、行為、愛心、信心、清潔上，都作信徒的榜樣。」（提前4:12）

我囑咐你要像牧人那樣地服事。耶穌說:「我是好牧人，好牧人為羊捨命。……僱工逃走，因他是僱工，並不顧念羊。」（約10:11，13）

我囑咐你要像守望者那樣地服事。身為一個守望者就要保持警戒。「我在上帝面前，並在將來審判活人死人的基督耶穌面前，憑著祂的顯現和祂的國度囑咐你，務要傳道，無論得時不得時，總要專心，並用百般的忍耐，各樣的教訓，責備人，警戒人，勸勉人。……你卻要凡事謹慎，忍受苦難，作傳道的工夫，盡你的職分。」（提後4:1-5）

我囑咐你要像教師那樣地服事。「你若將這些事提醒弟兄們，便是基督耶穌的好執事，在真道的話語和你向來所服從的善道上得了教育。……你要謹慎自己和自己的教

訓，要在這些事上恆心。因為這樣行，又能救自己，又能救聽你的人。」（提前4:6，16）

「聖靈立你們作全群的監督，你們就當為自己謹慎，也為全群謹慎，牧養上帝的教會，就是祂用自己血所買來的。」（徒20:28）

惟願你在工作結束的時候，可以和保羅一同說：「那美好的仗我已經打過了，當跑的路我已經跑盡了，所信的道我已經守住了。從此以後，有公義的冠冕為我存留，就是按著公義審判的主到了那日要賜給我的，不但賜給我，也賜給凡愛慕祂顯現的人。」（提後4:7-8）

歡迎——在致歡迎詞時，台上的人員繼續站著。歡迎詞由一位宣讀，也可以有上述各組的代表來宣讀：

我有幸歡迎你加入福音宣教的行列。我代表你所屬的區會和全球教會歡迎你。要忠於它的領導。要運用它的服務來協助你的工作。

我代表你的牧者同工歡迎你。他們與你分擔喜樂、獎賞和責任。他們經歷過這一切，可以為你提供智慧的指導和經驗，幫助你工作。

我代表你所服務的會眾歡迎你。他們在禱告中把你呈在

上帝面前，在你的服務中作你的同工。當你最後與你所服務和代禱的人勝利地站立時，你會聽到我們救贖主的聲音說：「好，你這又良善又忠心的僕人，你在不多的事上有忠心，我要把許多事派你管理，可以進來享受你主人的快樂。」（太25:21）

迎賓隊列：

- 區會、聯合會、分會總會頒發委任證書的職員。
- 眾牧者。
- 目前服務之教會的長老們。
- 家屬和特別來賓。
- 觀眾。

委任——在分會裡若有婦女接受委任從事傳道工作，這個程序亦可用於委任儀式，或按立和委任儀式同時舉行。

長老和執事

教會選舉了新長老和執事以後，應立即安排按立儀式，宣告他們履行該職責。長老和執事應是有經驗的人，憑智慧選舉出來。

根據1975年年會的決議，又經1984年年會的重申，男女均可擔任長老，接受按立為教會服務。

長老——合適的長老按立儀式應包括下列內容：

由一位已按立的牧師主持。邀請教會中其他已按立的牧師和長老參加這個儀式。在選定的時間，通常是安息日上午的禮拜時，候任人和參與者應邀來到會眾之前，與牧師在一起。宣讀合適的經文，如提前3:1-7。簡述長老在教會的職責。

候任者與參與者一同跪下。牧師祈求上帝祝福教會承認候任人已蒙聖靈宣召擔任這個職務。祈禱時按手在候任人的頭上。協助的牧師和長老也可一同按手。禱告以後，牧師和協禮人與被按立者握手，說祝福的話。頒發按立證書。然後新按立者可回到會眾中去，或到台上就座，參加剩下的禮拜。

教會職員被按立為長老以後，如果再次當選或被其他教會選為長老，無需再重新按立。被按立為長老的人以後如擔任執事，也無需再按立。

執事和女執事——按立執事的儀式與按立長老大致相同。建議讀經提前3：8-13。《教會規程》說：「教會可以安排適當的女執事就職儀式，由持證按立的牧師主持。」建議讀經羅16:1。

牧者的配偶

牧師的妻子雖然沒有按立，但應當讓她們參與按立儀式，用宣告、鮮花和合適的禮物，歡迎她們進入牧者配偶的團契。

歡迎致詞範例：

歡迎你加入這個婦女的大家庭。我們的丈夫都是經按立從事福音佈道工作的。正如在伊甸園需要亞當和夏娃二人充分彰顯上帝的形像，在教牧工作中，也需要夫妻二人充分向教會彰顯基督。要盡妳所能與丈夫一起開展你們兩位面前的傳道工作。你們的團結是青年人的榜樣，對未信之人是一種吸引，對尋求者是幫助的來源。要關注積極的事項——與基督徒丈夫生活在一起，分享耶穌的福音，知道妳的朋友愛妳並為妳禱告。要始終記住妳可以完全信靠耶穌。祂的能力賜給妳所需要的一切，使妳預備自己、妳的家庭和妳的教會進入妳最後的天家。願上帝祝福妳。

第 17 章

教會的建立、組織、
合併和解散

CHURCH PLANTING, ORGANIZING,
UNITING, AND DISSOLVING

隨著時間的推移，人口分佈、人口特徵、教會成員狀況和經濟狀況的變化，已經建立的教會可能需要到另一個地區服務。由於這些變化的結果，明智的做法可能是培養新的會眾，最終組織一個新的教會，也可能是把兩個或兩個以上的教會合併，或者有時需要解散現有的教會。《教會規程》詳細論述了這些方針和過程。本書僅提綱挈領地簡述這些程序。

建立新的教會

教會發展最有效的方法之一是培養新的會眾。已經建立的教會主動設法培養新的會眾，作為對外宣教的手段。這些教會本身也會在這個過程中得到加強。當一個教會達到一定的規模，其職員也能克盡職守，牧養、看顧和訓練信徒時，教會最好培養一班新的會眾。在一般情況下，教會增長到三百至五百位成員時，就已經夠大了，可以考慮培養新的會眾／建立新的教會。

建立新的教會，會產生雙重效果。勢必有更多的信徒參與教會的工作，同時能在需要服務的新區培養一批會眾。新的教會能贏得新的信徒。一般說來，很難把平時不來教會的人吸引到離住所半小時車程以外的教會裡來。教會增長的研究表明：新教會比老教會更容易使冷淡的信徒熱心起來。在理想的狀態下，建立新的教會是基於對外宣教的宗旨，而不是出於個人利益或因為原有教會裡的分歧。

如何開始建立新教會

經過對人口統計和人口增長的研究，要與當地區會密切商議，以確定最需要設立新教會的位置。新教會的地點要對未受過服務的人群有重大的幫助，還要考慮其風格和設施，以滿足當地人群的需要。

在有可能發展成家庭教會之地，透過家庭查經和小組服務在建議地區培養可能性。可建立安息日學分校，在該地區舉行佈道聚會，由原教會中的義工團建立佈道所，在一段特定的時期——兩年或三年裡參與和支持新的組織。《教會規程》已說明了組織佈道所的特別程序。

組織新教會的準備

當有很清楚的資料可證明新教會的成立能興旺且永續發展時，要向區會行政人員申請正式的批准以進行組建。新教會的組建要由經過按立的牧者主持。雖然所有經過按立的牧師都可以主持新教會的建立，但「如果有可能，就要邀請區會會長到場。」（《教會規程》）

要安排讓發起人簽名。原教會的成員希望加入新教會的，要通過正常程序辦理教籍的轉移。要準備必需的記錄冊和其它物品，以便新任司庫、書記和其他待選的職員使用。

要為新教會的運作置備聖餐用具。由於在組建儀式上舉行

聖餐禮會使時間延長，聖餐禮可以在稍後舉行，或者在第一次正式崇拜聚會時舉行。

組織新教會的聚會程序

以下所建議聚會的程序，符合《教會規程》組建教會的規定：

- 開會詩
- 祈禱
- 簡略複習基本信仰
- 組建核心人員
- 由核心人員表決接受教友
- 組織提名委員會
- 會眾唱詩和見證（同時提名委員會開會）
- 選舉新職員
- 按立新長老和執事
- 給新教會和信徒的提問及挑戰
- 教會回應
- 獻身禱告

若是需要，可分幾次聚會完成新教會的組建。包括星期五晚上在新教會舉行聖餐禮，邀請原教會的信徒參加；安息日早上的就職聚會，由原教會向遷移出去的信徒致謝；安息日下午的組建儀式，新教會正式成立；安息日晚上的聚餐和聯歡。

教會的合併

教會的合併不只是把一個教會的信徒轉到另一個教會、關閉原有的設施，而是由於教會的合併，原有的教會不再存在，新的教會形成了。《教會規程》說明了合併的程序。

在召集合併教會的會議之前，要與區會的領導及合併的教會充分商量。所涉各教會均應廣泛討論合併的建議，一致認為這是一個智慧理想的行動。教會只有在適時召集的事工會議上，才能做出這樣的選擇。各方教會均作出合併的決定以後，再申請區會執行委員會的授權，實施合併程序。

在接到區會委員會的建議之後，各教會要準備一份合併協議，包括合併的理由、產業處置的計劃、財務安排、新教會的名稱，以及與合併相關的事宜。由經過按立的牧師主持聯合會議，各教會表決通過合併文件，合併手續完成。然後向下一次區會會議提交申請，接納新教會進入區會轄區內的教會團契。

隨著新教會的組建，原來教會所有職員的職務都解除了，由提名委員會選舉新的教會職員，在教會年度的剩餘時間裡擔任領導的職務。原來教會的記錄、簿冊、銀行帳戶，均歸屬新的教會。

教會的解散

復臨信徒很少發生教會解散的事。解散的理由包括人數減

少、執行處分和離道叛教。在出現採取這種行動的可能性時，
要竭盡全力避免解散。要考慮與區會的領導認真商量。

　　沒有明確的標準規定教會小到什麼程度才不能繼續維持
下去。《教會規程》建議的原因如「因許多信徒外遷，剩下的
人不足維持這個組織。」但如果信徒都很滿足，深深忠於他們
的教會，解散就十分困難，而且可能是不明智的。有些信徒
的領導潛能在原有的教會裡並沒有施展開來，但有可能在轉
移教籍到新教會後才願意發揮出來。在決定解散以後，協助
信徒們把教籍轉到其他教會。若是舊教友沒有其他教會可轉
移，就轉到區會。等到所有的信徒都這樣轉移之後，教會實
際上就解散了。

　　那些趨向離道的教會，往往在神學和程序上與整個教會發
生分歧。他們中有些人持極端的看法，其影響擾亂了其他人。
要竭盡全力幫助他們與教會和解，恢復交往。如果這些努力都
無法成功，區會委員會經過慎重考慮後可向區會會議提議，將
這個教會除名，不再列在本會教會名單上。至於個人的教籍，
則按教會的方針辦理。

第 **18** 章

教會領導

CHURCH LEADERSHIP

教會的宗旨是在地上建立上帝的國，擊退邪惡的勢力，同時指望在基督復臨的最後勝利時，上帝的國度得以完全實現。教會既然以此為其存在的理由，就不會是靜止不動，而是積極成長與運作的。教會有將來的異象和工作的指南，任何一個協同工作的團體，都需要有領導存在，以期有凝聚力地達到目標。牧師在教會裡就是被任命和期待擔任這種領袖的。

牧者被委派到一個教會，就承擔起這個教會的主要領導責任。這樣的任命使牧者有權履行教牧工作的各方面職責，或者親自執行，或者授權和監督其他教會領袖執行。「聖工的各部門都是屬於傳道人的。」（《證言》卷五，原文375頁）這並不是說傳道人必須親自處理教會的全部事工，但所有的工作都必須在他的監督之下。傳道人應當負責指導並鼓勵各個部門和項目，同時與當地長老和其他正式選舉的教會職員合作。

僕人式的領導——基督教的領導是僕人式的領導。健康成長的教會通常擁有堅強有效的教牧領導。「堅強」並不是指統治或操縱式的領導。「你們知道外邦人有君王為主治理他們，有大臣操權管束他們。只是在你們中間不可這樣。你們中間誰願為大，就必作你們的用人。」（太20:25-28）

個性和領導方式與傳道人的自然傾向有密切的關係，然而領導人應當適應不同的環境和他們服務對象的需要。僕人式的

領導需要有適應性和靈活性。使徒保羅是這種適應性的典範。他說：：「我雖是自由的，無人轄管，然而我甘心作了眾人的僕人，為要多得人。向猶太人，我就作猶太人，為要得猶太人。……向軟弱的人，我就作軟弱的人，為要得軟弱的人。向什麼樣的人，我就作什麼樣的人。無論如何總要救些人。」（林前9: 19–23）

願景——教會對自己的使命和未來如果沒有願景，就會僵化，刻板地重複過去的行為，但是將來的願景並不忽略過去的行為。教會必須思考現狀和應有的狀態。教牧領導的思考不僅應針對教會應有的狀態，還要鼓勵信徒也抱持這個目標。透過有力地宣講《聖經》，和對信徒的積極動員，這目標是可以實現的。

組織——教會要從現在的景況進步到所期望的境地，需要有意識地組織其資源和人員，去完成特殊的計劃和任務。教會如果沒有具備技能和興趣的人實行計劃，制訂計劃就毫無價值。這就需要招募和培訓人員致力於工作。

委託——教會的大量工作能夠且應該由信徒們來做。僕人式的領導不害怕與人分享權利。教會領導沒有委託別人分擔責任，往往是因為他們認為由自己做，比招募、鼓勵、訓練領導人員更加容易。如果教會的主要任務是辦妥工作，這個觀點還算合理。但教會工作的主要目標是信徒的屬靈成長和幸福。參

與教會工作的信徒最有可能在教會裡保持屬靈的強健。

監督——工作一經委託，就要予以監督，但不是採用干涉和微觀管理的方式，而是用支持鼓勵和評估表現的方法。要嘉獎和表揚優秀的工作表現。在需要時要予以支援和幫助。工作若做得好，就要樂意讓別人得到讚揚和肯定。

確定目標

目標能顯示教會需要做什麼，信徒如何計劃完成它。每年至少一次、最好每季一次，教會要審查自己所訂的目標，看看進展如何。審查原定目標、制訂新目標的最重要時刻，是在選舉教會職員，組建教會新團隊的時候。選舉領導人和組織委員會，不應只依據過去的成績，還要依據將來的計劃。目標最好經由會眾的討論產生。牧師和教會堂董會（又名「職員會」）委員應向會眾了解大家的需要和願望，從而吸收他們的意見。

可以達到的目標——要確定可以達到的目標。推進不現實的經濟計劃不僅會冒負債的風險，還會造成信徒失望。同樣，推進不合實際的信徒增長和教會成就的目標，也會導致失望和參加人數的減少。

可以衡量的目標——教會生活和屬靈狀況的各個方面並非都是容易衡量的。沒有衡量就很難確定成敗，所以要找到方法權衡目標是否已經達到。

委員會

使徒保羅用人的身體來比喻教會的功能。身體或教會各部分的和諧合作，是成功的保障。教會像人體一樣，不是只有一個部分或一種意見，而是通過委員會制度使不同的功能和意見匯集成一個和諧有成效的整體。「在商討推進聖工之時，不可讓任何人取得控制權，也不容只有一人代表全體發言。一切提供的方法和計劃，都應予以慎重的考慮，以便凡出席的弟兄都有機會權衡這些方法與計劃的得失，然後決定取捨。」（《證言》卷七，原文259頁）

教會的運作像人體一樣，有賴於集體的參與。「無智謀，民就敗落；謀士多，人便安居。」（箴11：14）我們大家一起，定比我們中間任何一個人更加智慧。

委員會的結構——教會事工會議是地方教會的最高權威。教會事工會議「可以根據教會的需要，每月或每季舉行一次」（《教會規程》）。此外，在安息日禮拜時，也常常就委員資格問題進行表決。

在地方教會的委員會體系中，教會堂董會是僅次於事工會議的最高權威。牧師通常主持教會堂董會，但也可以把這個職責轉給教會的其他成員。除了這兩個崗位之外，牧師要避免擔任其他眾多委員會的主席。但牧師和任命的長老應為各委員會的當然成員。

要為教會各委員會的工作確定辦理事務的人數。

決策的層次——要由最合適的委員會作出決定。每一個委員會都應有明確規定的職責和權威，並在這些範圍內運作。鑑於各委員會之間決策職責的重疊會導致時間和精力的浪費，各委員會都應知道自己工作範圍，以及它是否可以執行、或應提交另一個團體並核准其建議的權力。

主持委員會會議——委員會的委員如果了解其宗旨和議程，就能使委員會發揮最好的作用。下面是委員會準備和運作的建議：

預備議程：議程列出討論事項供委員們思考，並就此採取行動。每位委員都應該收到一份議程。倘若可行，此事最好在開會的日期之前辦妥，使委員們可以有備而來。根據委員會商定的規則，委員可以增加議題。如果議程是預先定好的，修改須經委員會表決。

準時：委員會要有準確的時間表。準時開始和結束會提高委員的出席率。費力耗神的委員會會議往往做不出好的決議。「為了做出決定，他們把會議開到深夜。……如果大腦得到一段時間適宜的休息，思想就必清晰敏銳，事情就會迅速處理了。」(《證言》卷七，原文256頁)

合作：要激發委員會成員團結合作的精神。主席在激發這

種精神中能產生很大的影響。交談應該坦率而直接。要了解和至少稍加關注議會程序的規則，以便建立公平和民主的程序。

參與：要確保參與的廣泛性，鼓勵每一個人加入討論。要避免讓任何個人或團體支配討論的過程。要特別徵詢那些較為羞怯者的看法。

尊重各種意見：主席要力求保持公正中立。有時若想直接參與討論，請人代行主席職責乃為上策。要提倡和實行委員會的保密制度。敏感問題的坦率討論不可洩露到委員會之外。

聚焦主題：有時委員會的注意力會偏離正在考慮的題目，討論不相關的問題。主席必須著手把委員會拉回正題上。

總結：要覆述和歸納討論，以期達成一致。當各方面都予以考慮之後，通常能就一個問題達成協議。表決不是為了結束討論，而是為了就一個決定獲得一致意見。

會議記錄的處理和保存：會議記錄要在下一次委員會會議上宣讀和取得認可。記錄應予以保存，以提示會後需要採取什麼行動，完成什麼任務，並做為評估委員會及其決議之效果的一個依據。

支持決議：一旦做出決議，委員會的全體成員就有責任予以支持，不管他們是站在贊成還是反對的立場。

牧师手册
Minister's Handbook

第 **19** 章

全體信徒的
傳道工作

MINISTRY FOR ALL MEMBERS

福音的使命是委派給全體基督徒的，不只是基督最初託付使命的那批門徒，也不只是特選的專業傳教士團隊。同樣，聖靈的恩賜是「要成全聖徒，各盡其職，建立基督的身體」（弗4：12）。每一個領受聖靈的人都接受了傳道的恩賜，要用來為基督服務。

希臘文中「平信徒」（Laos）一詞，絕不是指牧養教會的業餘者或在教會裡居次要地位的人，相反的，平信徒就是上帝的子民。有些人會存有一種錯誤的觀念，認為平信徒不能做傳道的工作，只有傳道人才能做，似乎傳道工作就是受薪專業人員的責任，領導教會是這些受蒙召擔任專門職務之人的責任。然而從最廣泛的意義上說，傳道應被視為全體教會信徒的工作。「出去完成這使命的責任，不單是放在傳道人身上。每一接受基督的人都有責任為同胞的得救問題而工作。」（《使徒行述》，原文110頁）

挑戰——耶穌在升天之時，把任務交給祂的教會：「你們往普天下去，傳福音給萬民聽。」（可16：15）在那一小群門徒看來，這似乎是不可能完成的任務，直至他們明白了祂實行這項任務的計劃。這項工作必須完成，不是靠我們個人的意志和技能，而是靠聖靈運行在我們中間。在這個計劃中沒有等級制度，因為每一個人都能做某些傳道工作，因為每個人都被賜予不同的恩賜。

我們很容易認為教會基本上是一個組織或機構，而不是在信仰上相交或分享之處，但後者卻是新約《聖經》中「教會」的主要含義。我們有時認為信徒的作用就是幫助專業傳道人工作。事實上，教牧領導的工作包括幫助信徒如何去作工。「如果傳道人多注意讓羊群積極參加工作，他們就能成就更多的善事，並有更多的時間學習和傳道訪問，避免許多摩擦的起因。」（《傳道良助》，原文198頁）

每一個領受聖靈的人都領受了傳道的恩賜，但不是每一個人都領受同樣的恩賜。每一個人都應接受責任，把上帝所給的恩賜用於傳道工作。以為每一個人都必須做同樣的傳道工作，那是對聖靈恩賜的誤解。「只有我們的男女教友人人都振奮起來，與教會中的傳道人和職員等通力合作，上帝在這世上的工作才能得以完成。」（《基督徒服務大全》，原文68頁）佈道工作的真正考驗標準，不在於有多少人進入教會參加敬拜，而在於有多少人到社會裡服務。

動員義工

管理教會中的義工，與管理受薪的職員迥然不同，因為後者無論願不願意，都必須為謀生而工作。僕人式的領導不可對教會的工人發號施令。他們工作純屬自願。牧養事工的成功，在於動員義工的能力。

靈感的證道——以基督為中心，以《聖經》為依據的證道，

能激發人們出於屬靈無私的動機做教會的工作。從事基督徒的服務，不是為了得救，而是因為我們得救了。真正服務的動機是出於感恩，而不是愧疚。

讓信徒參與計劃──讓沒有參與計劃制訂過程的人承擔任務，有時會引起抗拒。他們如果參與計劃的制訂，就會視任務為對個人的要求。計劃的過程應闡明某項任務的目的和宗旨，並儘量讓人參與進來。當制訂計劃的過程使信徒們對某項任務產生熱情時，他們就會樂意幫助帶領這項工作。

明確職責──不明白某項任務的具體要求，人們就不大可能接受。任務模糊不清，會令願意執行的人和鼓勵他人去做的人感到困惑。要清楚闡明教會服務崗位的具體任務。

認識和欣賞忠心的服務──教會的領袖可能不指望表揚，但他們卻注重自己工作有否留下成功的跡象，以及對他們服務的欣賞。他們需要知道自己的工作得到重視。

不讓領袖負擔過重──教會的義工往往負擔過重，以致筋疲力盡。他們的生活十分忙碌，有許多工作要做，還有社區和家庭的責任。教會領袖操勞過度，可能導致他們完全放棄教會的工作。

分擔責任──與牧者不大會直接管理的義工一同工作，乃是一種挑戰。有時執行一個特別的任務，不依靠義工的工作，

似乎更容易一些。但教會的事工是屬於每一個人的。懷愛倫說：「教會事工的責任應由各個信徒分擔。」(《評論與通訊》1895年7月9日)

與教會領袖同工

教會是一個整體——教會工作的範圍很廣，所需要的技能很多。任何人，包括牧者，都不可能擁有完成事工所需要的全部才幹，但上帝藉著聖靈的恩賜供應教會的需要，沒有一個人能單獨代表基督的整個身體。「你們若要從事某種不適於你們的工作，你們在傳道方面的努力就會失敗。」(《證言》卷七，原文246頁)

與長老同工——「傳道人不要把所有的責任都攬在自己身上，而要與當地的長老和其他職員分擔責任。……長老要與傳道人商議，協助教牧工作，包括探訪信徒、服事病人、安排或主持抹油禮和兒童奉獻禮、鼓勵灰心的人。」(《教會規程》)

恩賜和任務相配合——在規劃教會工作時，要注意會眾中的人才。要辨察人的能力，將這些恩賜與任務相配合；要協助教會提名委員會提供機會在教會裡組建職員小組，配合所要完成的計劃和工作。委員會開會的時候，要提供需要充實的工作計劃與工作的說明，使委員會持有教會工作所需人員的清單。

職員就任——在教會年度的開始，舉行教會領袖正式就任

禮拜，強調教會職分的重要性，給教會提供承認和奉獻其領導的機會。以下啟應詞是可用於儀式的範例：

> **主持人**：為了敬拜上帝和教會的事工——
>
> **職　員**：我們獻上自己。
>
> **主持人**：為了在上帝的引導下履行委派給我們的職責，教育和指導青年人和老年人——
>
> **職　員**：我們獻上自己的服務。
>
> **主持人**：為了在我們的家庭中、工作中、和我們所接觸的人面前樹立基督化生活的正確榜樣——
>
> **職　員**：我們獻上自己的人生。
>
> **主持人**：你們所選舉的領袖已經承諾，靠著上帝的恩典忠誠地履行他們的職責。你們是否願意保證在他們與你們一起從事教會中基督的工作時，支持和幫助他們，並為他們禱告呢？
>
> **會　眾**：我們願意。
>
> **主持人**：（獻身禱告。）

訓練信徒

「每一個教會都應該成為基督工人的訓練學校。要教導教會的信徒怎樣查經，怎樣教安息日學學課，怎樣為尚未悔改的人作工，用最好的方法幫助窮人，看顧病人。還要開辦衛生學校，烹飪學校，以及各種基督徒服務工作的班級。不但要講

課，還要在有經驗的導師指導下進行實際的操作。」(《論健康佈道》，原文149頁，舊名《服務真詮》)

區會的資源——區會領導和區會各部擁有資料和人員，可以幫助培訓信徒從事服務。他們是自己領域裡的專業人士，能為舉辦培訓班和培訓學校提供有價值的幫助。

會眾的資源——要利用會眾中的人才。會眾中有些人擔任教會領導工作多年，這種經驗可以分享和傳遞給新的職員，也有人可能受過教會所需工作的專業訓練，可以聘用他們從事培訓工作。

牧师手册
Minister's Handbook

第 20 章

牧養較大的地區

LARGE DISTRICTS

　　大多數復臨教會採用多個教會地區聯合的形式，很少有教會是獨立的。在一些分會，一位牧者可能兼管十五至二十個教會。在這種情況下，教牧領導需要有委託、訓練和管理的特殊技能，因為牧師一年當中也只有幾次拜訪教會的機會，無法與每一個教會都保持密切的聯繫。在這些地區，還要認真考慮牧者住所的位置，以利於他的出行和家庭生活。

　　領導訓練──在這些教會中，必須進行教會職員的培訓和領導職責的分派。這些領袖承擔了大部分的講道，領導佈道的工作，牧養教會的信徒。在這樣的情況下，牧師主要從事計劃、管理、信息傳遞和教育的工作。與這些教會職員合作，並對他們進行培訓是很重要的。這樣的訓練應包括：

- 預備講章及證道
- 主持委員會會議
- 探訪
- 教會各部門
- 照管教會的產業
- 復臨教會歷史及其信息
- 關照新信徒

　　建議各教會或區會每年至少舉辦一次長老培訓班。教會應負擔長老出席會議的旅費。此外，牧師應當安排每季與當地長老聚會，集中討論當地和各教會的計劃，如宣教計劃、講道計

劃、探訪計畫、設定地區和教會目標、安排牧師行程等。在這些季會議期間，也可以進行長老培訓。

行程安排——牧師的行程應及早計劃，使每一個教會都知道什麼時候牧師會來訪問和講道，這就能提供與信徒個人接觸的機會，並可在牧師訪問期間安排浸禮。雖然有時會發生緊急情況，如生病或喪事，中斷計劃中的行程，但其它特殊的禮節是可以預先計劃，並納入行程的。

地區聚會

當地的信徒可以安排每季一個完整的周末聚集一次，使牧師可以有更多的機會與本區各教會的信徒進行直接的交流。這些聚會的交流與崇拜方式與帳篷大會相似，能提供機會進行：

- 各會堂信徒之間的交流。
- 協調地區的佈道計劃。
- 在各教會之間分享喜樂與關注的事項。
- 加強教會各部門的工作。
- 籌劃合作項目，比如建一幢樓房或對外佈道。
- 青少年的活動安排。

該地區的信徒要選出安排這些聚會的領導人員，他們要能夠配合牧師籌劃地區聚會的程序。並且邀請區會領導參與，在策劃活動時發揮他們的影響，提供他們的意見和指導。

牧师手册
Minister's Handbook

第 **21** 章

教會增長

CHURCH GROWTH

新的成員

教會只有不斷增添新的成員才能繼續存在。若沒有這種增添，教會的人數就會減少，不僅是因為有人會搬離這個地區，而且因為隨著時間的推移，信徒亦會逐漸老化和逝世，直到最後沒有一位留在教會裡。教會沒有新成員，就注定會消失。教會人數的增長有三個來源：自然增長、外來遷入和宣教發展。每一個來源對於教會的未來都是至關重要的。

自然增長——教會的兒童是其最寶貴的資源。教會大家庭和信徒小家庭最美好的期望都集中在孩子身上，祈願他們不論是現在還是將來，都會成為上帝國度的成員。作為教會未來增長的重要來源之一，沒有什麼比拯救自己的兒女更重要的了。教會如果專門致力於拯救教會外面的人，卻不去救自己的孩子，豈不荒唐！教會的遺產最好由那些在教會的呵護下成長的人來保管。教會從孩子最小的時候起，就要為他們提供安息日學節目和資源，並繼續關注他們的基督化教育和青年時期的培養，以保證他們在恩典中成長。

教會必須關注和時時照管孩子的成長，在適當的時間準備好，讓他們接受洗禮，正式加入教會。「八歲，十歲，或十二歲的兒童，其年齡已經大到可以向他們傳講個人信仰的話題了。不要教導孩童認為他們長大了以後才可以悔改相信真理。若是教導得當，幼小的兒童也可以得到正確的見解，知道自己

是罪人，並且藉著基督才能得救。」（《證言》卷一，原文400頁）如果附近有教會學校，可以在學校的課程安排中設浸禮班，配合崇拜和屬靈的主題。如果沒有教會學校，則要安排設浸禮班，配合家庭和教會的活動。

外來遷入──當信徒從一個地區遷到另一個地區時，就要轉移教籍以保持關係。教籍遷移的手續見《教會規程》。如果實施主動積極的計劃，便於教籍的轉移，教會和個人都必受益。信徒遷移到新的地區，要通知離他最近的教會，以便保持聯絡，安排歡迎他進入新的教會家庭。

宣教發展──牧師是佈道士，教會是宣教中心。在崇拜聚會、安息日學和其它每一項目，教會必須始終牽掛那些未加入教會的來賓和訪客。牧者所說的每一句話都要從救靈的角度思考：「這句話在非教友聽來會怎麼樣呢？在非基督徒聽來會怎麼樣呢？」正確的教義和屬靈的悟性固然非常重要，但熱情的交流更加重要。在這樣的環境裡，人們會重新悔改轉變為成熟的信徒。

新約教會的成員曾到處宣講耶穌的故事。大多數新信徒是他們從工作場所和鄰里的教會成員爭取過來的。有無數拓展的方法可以達到這個目的，包括烹飪班、健康班、青年佈道、婦女事工、社區事工、休閒活動等。「教會的信徒要在平日忠心地履行自己的本分，在安息日述說自己的經驗。這樣的聚會猶

如按時分糧，給在場的人帶來新的生命與活力。」（《傳道良助》，原文199頁）

如果每一個教會的項目——假期《聖經》學校、烹飪學校、健康活動、青少年及兒童安息日學課程、安澤國際救濟機構佈道之旅的參與、教會的社會活動、社區活動、青年活動等——都以宣教的工作來考慮和資助，佈道會就會更有成效。

要關注經歷人生大事的人們，比如嬰孩的出生、親人亡故和畢業等。要發函分別表示道賀或慰問；要了解本地區新遷入居民的信息，致信歡迎他們來到本地，附上教會所提供的服務清單，以及聚會的邀請函；要定期舉辦佈道會或研習活動。

關心冷淡的信徒——熱心的信徒，尤其是長老，能有效地召回冷淡的信徒，因為他們曾經是朋友，知道那些人離開教會的若干原因。為冷淡的信徒作工的人必須準備好傾聽他們的申訴，不要沮喪或衝動。人們退出教會，往往是因為意識或感受到來自教會內部的傷害，或者教會外面的影響。只要有傾聽的耳朵和仁愛的心，就常常能把他們喚回。

堅固新信徒

基督偉大的使命呼籲教會「使萬民作我的門徒」（太28：19）。信徒未作準備，教會就必軟弱。「信徒的內心若沒有更新，在生活上也沒有改變，他們人數的增加反而會造成教會的

軟弱，這 一事實往往被人忽視。有些傳道人與教會非常希望信徒人數的增加，卻沒有做忠實的見證抵擋非基督教的習慣和行為。他們沒有教導接受真理的人明白：有基督徒的虛名而過著屬世的生活，乃是靠不住的。」(《證言》卷五，原文172頁)

浸禮前的指導——要求加入教會的人，必須明白教會所堅持的原則。他們還不知道要獻上什麼時，就不該要求他們獻上自己。浸禮前的教育應包括個人的閱讀和研究、查經、公眾聚會、浸禮班等。教會宣教工作最有效的方法之一，就是牧師的查經班。這種查經班一般都在安息日學分班時舉行，主要讓非信徒和新信徒參加。班級裡學習特別的要道課程，以及屬靈生活的課題。同樣系列的課程可以重複教導，因為班級的學員有了成熟的基督徒經驗後，可以畢業進入普通的安息日班級。

每一個準備受浸的人都要經過浸禮證書上所寫基督復臨安息日會基本信仰的考核。教會外的任何人或組織，都無權在教會名冊上加添或刪除一個名字。這個責任只屬於教會團體。

新信徒的監護人——基督徒的團契和交流是教會穩定的核心。但是新信徒可能不認識教會裡的人，很難融入固有的社會秩序。為了克服這個障礙，教會需要為新信徒精心建立屬靈監護人的網絡——讓每一個新信徒都能有與老信徒相交的友誼體系。「要耐心溫柔地對待初信的人；老信徒有責任想方設法……提供幫助、同情和指導。」(《佈道論》，原文351頁)

鼓勵參與——要鼓勵新信徒發現自己的屬靈恩賜，並參與適合這些恩賜的傳道工作。「人悔改信主之後，應該馬上安排他們工作。他們按著自己的能力作工，會成長得更加強壯。」（《佈道論》，原文355頁）這些新信徒具有獨特的優勢，可以接觸尚不屬復臨教會的家庭和朋友。新信徒對老朋友的影響和生命改變的感人榜樣相結合，會成為有力的救靈工具。這樣的機會符合耶穌對曾被魔鬼控制之人的吩咐：「你回家去，到你的親屬那裡，將主為你所做的是何等大的事，是怎樣憐憫你，都告訴他們。」（可5:19）

第 22 章

崇拜聚會

THE WORSHIP SERVICE

會眾崇拜

上帝透過《聖經》呼籲祂的子民進行崇拜。這種崇拜既是個人的行動，也是集體的行動。一個人要進行崇拜不一定要加入團體，但《聖經》依然明確地呼籲會眾集體的崇拜。要聚集崇拜，就需要一定的程序和計劃。《聖經》的崇拜模式呈現了敬拜者的四項主要行為：唱詩、禱告、奉獻、宣告。這些行為構成了集體氛圍中個人的崇拜經驗。這樣的崇拜強調上帝的卓越和永在。上帝是偉大的，祂就在這裡。上帝在我們之上，也在我們之間。

崇拜雖然不應成為一種宗教娛樂，但仍要吸引和抓住會眾的興趣，引導他們與上帝相會。崇拜雖然不只是教義的表達，但純潔清晰的教義依然是真正崇拜的重要部分；崇拜雖然不只是為了發出傳道的呼籲，卻依然要引導崇拜者把生命交託給上帝。集體崇拜的目的是單純的：在我們的創造主和救贖主面前，以讚美、喜樂、懺悔和謙卑之心與祂進行交流。

鼓舞人心的崇拜——啟示錄14：6-7的天使宣布說：「應當敬畏上帝，將榮耀歸給祂，因祂施行審判的時候已經到了。應當敬拜那創造天、地、海和眾水泉源的。」這就要求敬拜者尊重、恭敬、敬畏。集體崇拜會把人帶進上帝寶座的內室，「會眾如果對真敬拜與真敬畏沒有正確的觀念，就會逐漸生出一種趨勢，將神聖永恆的事物降為和普通事物同等。自稱信仰真理

的人也必冒犯上帝和羞辱信仰。」（《證言》卷五，原文500頁）

快樂的崇拜——詩篇100篇呼籲「普天下當向耶和華歡呼！你們當樂意事奉耶和華，當來向祂歌唱！你們當曉得耶和華是上帝！我們是祂造的，也是屬祂的；我們是祂的民。」真崇拜需要出自內心的情感，其表達會是公開而不加掩飾的。

有意義的崇拜——崇拜關乎人的心靈，而且是通情達理的。上帝邀請祂的子民：「你們來，我們彼此辯論。」（賽1:18）

崇拜是個人體驗——崇拜無法被代替。這是一種個人的體驗，沒有人能代替我們崇拜。崇拜不是例行公事，不可由別人代行。崇拜不是傳統的慣例，也不是可以被動旁觀的活動。崇拜是個人參加創造主與被造者之間的交流，與上帝相會。

崇拜是分享——負責崇拜的人應盡可能吸引多人參與，包括青少年。帶領崇拜的人應當體現基督復臨安息日會的原則和價值觀，當信徒們感受到自己需要對會眾有所貢獻時，他們對教會和教會的節目所承擔的義務就會增加。長老們不要認為凡事必須由自己來帶領和履行崇拜的每一環節。信徒的參與會增加崇拜的快樂氣氛。要邀請青年人獻上禱告，呼籲捐獻和宣讀經文等。

崇拜的各環節

會眾的崇拜需要仔細籌劃。計劃得越好，崇拜就越舒暢放

鬆。雖然計劃的目的不是制訂嚴格的程序，但也要安排讓崇拜的各個環節順利實施。「在帶領宗教聚會的事情上，你難道沒有責任看該如何運用技巧、研究和計劃——好令赴會的人能獲得最大的利益，並且留下最好的印象？」（懷愛倫，《評論與通訊》1885年4月14日）

牧師對安息日崇拜聚會負有直接責任。他應該爭取教會領袖的幫助，進行崇拜活動的準備和實施，並讓他們成為崇拜協調人和崇拜委員會成員。牧者既承受著以證道作為其主要責任的壓力，預備教會崇拜的人員和設施的細節就應明智地交託給能幹的助手來做。在這個過程中，可利用安息日上午節目清單查核預定音樂、音響設備的需要、台上人員、台上安排，以及其它細節的準備情況。

會眾的準備——當會眾進入教堂的時候，應該有行動和交流，作為信徒團契與活動的一部分。現場或錄製的音樂有助於使這段時間更加舒暢。以恭敬為名使這個活動僵化，是不必要和不現實的，會造成敬拜者緊張的心理。但在為崇拜作準備時要保持敬虔的態度。在流程中的「歡迎」和「報告」時段可凝聚會眾的注意力，使他們進入崇拜的狀態。這些報告主要是關於教會的生活，務要避免推廣和籌款的話題。要營造溫暖和團契的氛圍，使他們成為教會生活的一部分，然後以崇拜的呼召結束報告。

唱詩——會眾唱詩和特別詩是崇拜活動的重要環節。歌詞、音樂的力量和會眾合唱的體驗都會帶來感動，還要安排適合青少年的詩歌，讓他們參與崇拜的重要部分。「音樂應當有美、有情、有力。」（《證言》卷四，原71頁）

詩班是崇拜中的福惠，但不可代替會眾唱詩。「善於唱詩，乃是一種有影響力的才幹，上帝希望人人都有這種素養並用以榮耀祂的名。」（《佈道論》，原文504頁）

不同的文化背景、年齡層和教會成員反映出不同的音樂品味和傳統。為了採用什麼詩歌而確立嚴格的標準和規範，會引起分歧，且無效果。有人視為適合崇拜的詩歌，可能另一人卻視為不合適。雖然要盡可能避免冒犯任何人，但會眾要了解為教會中不同的群體而提供不同音樂的重要性。音樂的選擇要符合《聖經》的教訓。

祈禱——在崇拜聚會中有好幾次禱告。每一次都有特別的宗旨和意義，需要預先考慮，並反映在祈禱的用語上。

獻禱：崇拜開始，通常是一個簡短的禱告，會眾站立，在禱告中承認和祈求上帝的臨格。

牧養禱告：崇拜進行到會眾唱詩或讀經之後，通常會由一人負責牧養禱告。禱告的內容包括讚美感謝上帝的恩典和福惠；認罪和懇求赦免；綜合和特殊的要求，祈求引導、

恩典和醫治之恩;為教會、社區和國家的事務祈求,以及獻身事奉等。

這通常是崇拜聚會中最長的一次禱告。會眾往往依據《聖經》的榜樣,跪下禱告。但是在有些環境,跪下禱告並不合實際。有些人因為健康原因而不能跪下,在這種情況下不要讓他們感到低人一等,或以為採取其它祈禱的姿勢就是不敬之舉。「不一定雙膝跪下才能禱告。」(《論健康佈道》,原文510頁,舊名《服務真詮》)

要預先仔細考慮禱告所包括的事項,保持禱告時間的合理長度。「任何普通的禱告只須一兩分鐘就足夠了。」(《證言》卷二,原文581頁)「在公眾面前,不適宜獻上說教式的單調禱告。出於信心和熱心的簡短祈禱,會軟化聽眾的心。但冗長的祈禱會使他們等得不耐煩,甚至每聽一句話時,都希望這是結束。」(《傳道良助》,原文179頁)

感恩禱告:感恩禱告可以在奉獻的開始或結束、執事前來收集會眾的捐款時獻上。這次禱告一般較短,包括為會眾和個人所領受的福氣獻上讚美。如果是在奉獻之前獻上,會眾一般是坐著的。如果是在奉獻之後,有些教會的會眾習慣上會起立,唱〈榮耀頌〉,獻上捐款,然後是感恩的禱告。

祝福禱告：祝福禱告原文的意思是「祝福的話語」。它唯一的目的就是在散會時求上帝祝福會眾。這不是證道的總結和重提牧師禱告詞裡已經提過的特殊要求。禱告要簡短，可直接採用經文。《讚美詩》裡有適合此目的的祝福語。

奉獻——奉獻是崇拜的組成部分，對於教導基督教克己、犧牲和信靠的基本觀念意義重大。奉獻的呼籲應強調屬靈的動機，解釋教會財務的需要，和如何支持教會的工作。獻捐的呼籲應該簡明、機智和虔誠。捐獻不是籌款，而是提供真實的機會，讓會眾透過把上帝所賜福惠的十分之一，和承認祂維持之恩的捐款歸還給祂，以表達他們對祂的讚美。

宣讀《聖經》——以上帝藉著《聖經》的啟示為中心的崇拜是合情合理的，因為上帝的啟示是以人所能理解的語言表達出來的。我們在基督徒的事奉和訓練中學習上帝的話語，並領受祂的教導。我們因救恩的福音而歡欣。上帝把這種啟示及其重責大任放在崇拜中宣講信息和聆聽信息的人身上。宣讀《聖經》使會眾聽見主藉著《聖經》所發出的信息。

準備：為了適當地滿足會眾的屬靈需要，帶領的人必須仔細制訂宣教年度計劃。不但要考慮將來所要宣讀的經文，還有回顧過去一、二年裡所讀過的經文，看看已經讀過哪些，忽略了哪些，過分強調了哪些。讀經的題目要配合年曆、教會和學校日程的項目。

年度計劃給證道帶來若干益處。它會使證道主題的選擇呈現關聯性，並使在崇拜中負責音樂、讀經和講兒童故事的人方便預先計畫。預先計劃可提供機會，讓欲邀請客人來參加聚會的人選擇適合特定人群的禮拜主題。此外年度計劃也給個人時間去思考既定的講題，減輕長時間準備講題的壓力。這種年度計劃顯然需要有靈活性，因為當下的事件和緊急狀況有時會擾亂時間表。

要探索各種創造性的方法來表達證道的內容。創造性有時似乎來自獨特的靈感，但大多數情況下是來自勤奮。我們容易採用自己所熟悉的表達方式，但每週都這樣會使聽眾厭煩。在創造性方面，崇拜委員會可以集思廣益、盡其所能做到最好。任何人都不可能擁有全部的新觀念，但與他人的交流能激盪出創造性的想法。

經文：宣讀經文在崇拜中具有重要的力量，能向會眾提供那位宇宙君王的話語。經文有力地發出崇拜的呼籲，引導人思考當日的主題和崇拜的重點。宣讀上帝的話需要小心計劃、挑選和練習。啟應經文直接讓會眾參與，提供聆聽和重複經文的機會。在《讚美詩》裡有許多這樣的經文，但是寫在佈告欄上或投影在布幕／白板上特別預備的經文，則與當日的信息直接相關。

為兒童服務：在整個崇拜的過程中，要考慮兒童的興趣。

由於從嬰孩到成人各種年齡層的人都有，顯然不可能對這些年齡層始終予以關注。但經過精心安排，甚至小孩子也能從崇拜中找到感興趣的時段。有些人發現在證道之前講一個兒童故事能讓孩子感受到這種關注。在講故事的時候，孩子們應邀來到前面，坐在一起。故事可以適當配合當日的主題。崇拜的這個時段，只能選擇愛孩子且擅長講故事的人來主持。要小心控制這個時段在五分鐘之內結束。

許多教會在講兒童故事的時候收兒童捐，用籌得的款項支持教會的教育和兒童事工。有些人可能不喜歡一次聚會中收兩次捐，但有些人卻喜歡把錢交給孩子，看著孩子們把捐款送到前面。捐款有助於孩子養成奉獻的習慣。

證道：證道必須始終以《聖經》為中心。以《聖經》為依據的證道並非全是經文，但要以《聖經》開始。宣講《聖經》的人在預備講章時首先要查考《聖經》。宣講《聖經》並不是去查找符合自己想說之話的經文。宣講《聖經》是要查找《聖經》說了什麼。許多《聖經》題目適合系列宣講，特別是研究某一卷經文，或十誡、基督最後的七句話、基督登山寶訓等。但一般說來，系列宣講分三、四次講比較合適。若是系列較長，可以再行細分。

雖然證道的信息應被視為最重要的，但最好的信息若是表達方法不好也會失去效果。儘管我們認為娛樂不是崇拜的

目的，但以此為藉口原諒糟糕的講道也是不可接受的。

崇拜的程序

人們通常以為在崇拜中傳道人是演員，上帝是提詞人，會眾是觀眾。實際上在真正的崇拜中會眾是演員，傳道人是提詞人，上帝才是觀眾。「許多公眾禮拜是由讚美和禱告構成的。每一位基督的門徒都應參與這種崇拜。」（懷愛倫，《時兆》1886年6月24日）所以每一個崇拜者都要參與崇拜。關於崇拜的程序，見《教會規程》。

崇拜聚會程序範例：（各教會可依需要調整）
- 歡迎／報告
- 開會詩
- 獻禱
- 奉獻
- 牧養禱告
  （若有「兒童故事」和「兒童捐」時間，可安排於「特別詩」之前）
- 特別詩
- 讀經
- 證道
- 散會詩
- 祝禱

第 23 章

交往和探訪

FELLOWSHIP AND VISITATION

　　彼此交往是早期新約教會團契的主要活動內容之一。路加在記錄教會人數的增長時說：「他們『都恆心遵守使徒的教訓，彼此交接、掰餅、祈禱。……他們天天同心合意，恆切地在殿裡且在家中掰餅，存著歡喜誠實的心用飯，讚美上帝，得眾民的喜愛。主將得救的人天天加給他們。』（徒2：42-47）」

　　基督徒的團契生活能加強個人和教會的力量。雖然我們不可低估參與教會禮拜的重要性，但這種活動本身並不能充分滿足信徒互相接觸與交流的需要。在安息日聚會中相聚一、二個小時，並不能享受基督徒團契生活的全部益處和喜樂。希伯來書的作者告誡我們，「要堅守我們所承認的指望，不至搖動，因為那應許我們的是信實的。又要彼此相顧，激發愛心，勉勵行善。你們不可停止聚會，好像那些停止慣了的人，倒要彼此勸勉。既知道（原文是「看見」）那日子臨近，就更當如此。」（來10：23-25）

　　基督徒的交往和探訪是教會工作的重要方面，不應視為任何個人的責任，而應視為整個教會組織的生活方式。在某些方面，較小的教會團體內部自然可能參與更廣泛的交往。而較大的教會也需要建立小組網絡，讓那些有可能被忽略的信徒參與進來。教會和牧者的探訪需要聚焦五個主要方面：

❶ 基督徒交往
❷ 屬靈的需要和鼓勵

❸ 無法外出的人

❹ 探訪醫院

❺ 為喪親和臨終者服務

基督徒團契——基督徒團契包括各種各樣的屬靈和社會活動。這些活動不僅為了基督徒之間的交往，還延伸到更大的社區。小組活動包括在這類活動之中，比如《聖經》研究、禱告、休閒、興趣愛好、音樂、社區服務、園藝俱樂部和許多其它活動。教會就這樣成為此類交往的聯絡點，不僅加強了其成員的力量，還擴大到社區之中。

屬靈的需要和鼓勵——被指定協助牧師幫助信徒的長老，要積極關注信徒的屬靈需要，探訪和鼓勵那些灰心和放棄基督徒經驗、放棄委身基督的人。他們有時可以建議牧者去探訪。

無法外出的人——那些無法參與禮拜和教會交流活動的人容易被忽視。要制訂周到的計劃，經常與他們接觸，提供信息、鼓勵和教會的重要資料。要定期讓他們收到教會公告、教會訊息、聚會的錄音或錄影，若有條件，可安排聚會的現場直播。教會還要每季為他們提供聖餐服務。

探訪醫院——信徒生病，特別是住院期間，牧師和長老的探訪是非常重要的。牧師和長老可以根據要求施行抹油禮。詳

見本書第三十四章。信徒住院時，牧者往往不知道，因此要建立良好的聯絡網以獲得訊息。住院時間可能不長，故需要迅速採取行動，在病人出院前進行探訪。

在病人承受痛苦、手術後恢復期，或受重度治療的影響時，醫院探訪的時間不宜長。要說幾句合適的支持和鼓勵的話，加上讀經和禱告。一般說來，住院對於病人和家屬來說是緊張的時期，但嬰兒的誕生卻通常是歡樂的時節，牧師可以帶領這個家庭為新的生命而感恩。

為喪親和臨終者服務——在基督復臨之前，每一個人都要面對在地球上結束生命的問題。對有些人而言，死亡是突如其來的，但大多數人都會有衰弱的時期，意識到生命漸漸消逝。在這段時期中，尤其需要教會的支持和保證。應當承認和接受這是悲傷和損失的時辰，但我們在基督徒的團契中不要「憂傷，像那些沒有指望的人一樣」（帖前4：13）。《聖經》裡得救和復活的保證，牧師安慰的話，是最後最好的愛心禮物。在喪失親人的時刻，牧師和長老的支持和探訪對於逝者的家庭來說是非常重要的。喪事的習俗各地是不一樣的，牧師要知道什麼時候、在什麼地方需要服務逝者家屬的需要。一般說來，探訪家庭是合適的，能給這個家帶來安慰和支持。人們表達悲傷的方式不同，了解這一現實有助於鼓勵他們把希望和信心寄託在慈愛的天父身上。關於喪禮，詳見本書第三十五章。

探訪時可運用的經文

• **一般經文:**

　　詩23;46;103;121

　　耶30:17

　　太1:28–30;15:30–31

　　羅5:3–5;8:16–39

　　雅5:13–16

　　約叁2

• **手術之前:**

　　詩91;103:1–5

　　賽43:1–3;58:8–9

• **在痛苦中:**

　　賽26:3–4

　　太11:28–29

　　約14:27

• **面臨死亡:**

　　詩23;90:1–6，10

　　賽56:11

　　約3:14–16

　　約14:1–4，25–27

羅8:35-39

林後5:1-4

- 在康復中：

  詩34:4-8;107:1-9

  路17:12-18

- 嬰兒出生：

  太18:1-6

  可10:13-16

  路1:46-49

教牧探訪

教會的許多信徒視定期探訪為牧師的職責之一。這種做法確實有助於鼓舞信徒的屬靈生活，並對教會的屬靈需要，保持第一手的訊息。在有些地方，由於會眾和區域的規模，以及地理範圍，牧師與信徒保持這樣的探訪式接觸需要有人協助。在一些大城市裡，許多信徒住在高樓公寓或封閉式社區裡，給探訪帶來一定的難度。

在這種情況下，教會制訂計劃把信徒組織成小組，在長老的指導和執事的協助下進行探訪是比較可行的。長老主動籌劃探訪和小組聚會，增進信徒的屬靈力量。牧師可以經常應邀與小組相會，分享交流。

第 **24** 章

輔導

COUNSELING

雖然牧師主要是向請教的人提供屬靈的幫助，但也可能接到其它方面指導的要求。許多人視牧師為在各方面都是有智慧和經驗的人，包括家庭生活、前途規劃、經濟問題、社會問題、感情壓力等等。雖然在這些問題上屬靈的經驗和指導很重要，但也要清醒地認識到，專業輔導並不是牧師的職責。當牧者接觸遭遇困難的信徒時，必須清楚地區別教牧輔導與尋求專業人士指導的需要。

牧師的輔導若超出自己造詣和專業的範圍，就有可能危害受輔導的人，並有惹上官司的危險。比如心理和精神病症，就不屬於牧師輔導的範圍。很少有牧師受過這些方面的充分訓練，應該交給與心理／精神健康相關的專業人士來處理。

危機輔導

一般說來，牧師的輔導應限於短期和危機輔導。為面對艱難選擇和生活壓力的信徒提供支持和幫助，也是傳道工作的一部分。

傾聽──傾聽使受輔導者感到有人關懷。對一位具有不同眼光的人訴說問題，有助於受輔導者弄清問題所在。用語言把情緒表達出來，會使人從情感的宣洩上升至理性層面，從而可能開始自己尋找答案。傾聽也能幫助輔導者澄清問題，但在涉及人際關係的問題上，要避免只聽信對方的說法，以為一個人所說的，就是事實的全部真相。

注重解決的方法——輔導的時間要用來尋找解決的方法，而不是糾纏於問題。有些人喜歡把一個問題說了又說，只為博得同情，卻不肯讓人幫助解決。即便如此，也不要擅自去解決別人的問題，而是要幫助他們確認自己真正的問題所在，然後幫助他們自行去解決。

指導選擇計劃——受輔導者若能看到有幾種選擇，就容易集中精力解決問題。要幫助他們確認哪一種選擇最好，並擬訂實施的計劃。牧者的工作是鼓勵他們實行自己的決定。如果受輔導者沒有實行自己的計劃，就要花更多的時間輔導他們。

與受輔導者一同禱告——禱告要聚焦於最可靠最持久的幫助源頭，獻身服務，遵行上帝的旨意。

保守秘密——保密是道德和法律的要求。但在有些地方，法律要求牧者報告受輔導者在輔導期間向他透露的一些行為，比如虐待兒童或老年人等。牧者若沒有提早將受輔導者可能危及他人生命的行為發出警告，或許會負法律的責任。

輔導助手

專業人士——在有些會眾中，可能有人受過專業輔導的訓練。牧者可以開發這個資源，用這樣的人才幫助受輔導者，並訓練信徒分擔教會的輔導責任。

　　會眾——基督徒有責任互相幫助。「你們各人的重擔要互相擔當,如此,就完全了基督的律法。」(加6:2)會眾中有些人曾面臨,並克服過受輔導者正遭遇的問題。支援小組要幫助那些有同樣需要的人,彼此分擔並尋求解決問題的方法,同時互相代求,互相支持。此外,教會資料中心也備有書籍、小冊子和影音材料,就如何處理特定問題,提供實際的資訊和指導。

第 25 章

教會團契

CHURCH COMMUNITY

教會是由回應上帝呼召，成為祂子民、建設祂國度的人組成的。雖然集體崇拜是教會最公開，參與人數最多的團契活動，但它肯定不是唯一的活動方式。教會內普遍存在著不同的興趣愛好和屬靈恩賜，各種群體的人自然會聚集在一起參加教會的不同活動和小組。為了滿足這種需要，必須做出不斷的努力，創建各種活動和小組的交往網絡，使信徒得到服務，還會吸引教會團體以外的人士。

基督徒的愛產生團結。「你們若有彼此相愛的心，眾人因此就認出你們是我的門徒了。」（約13：35）「當教會的各個信徒和諧一致地行動，當弟兄之間表現出愛與信任時，我們的救人工作中就會有相應的能力。」（《給傳道人的證言》，原文188頁）

與信徒交流

人們有了許多共同的興趣，友誼就會增強。一些人加入教會主要的原因並不是教義，而是因為基督徒的支援系統。反之，有些人不再來教會，不是因為他們對教義失去信心，而是因為他們找不到他們所尋求的支持和友誼。信徒之間良好的交流會促進彼此更加理解和建立共識，增進友誼。

教會公告——印製的教會公報刊載安息日程序的綱要、通知、教會平日活動的信息，以及教會職員名單、教會辦公室聯繫方式、基本信仰提要等標準資料。公報還可以留著一處可供撕下的部分，供信息交流和填寫對牧師的要求，另外也可包括

針對兒童興趣的材料，如字謎、著色紙，或者提供當日證道大綱，鼓勵與會者做筆記。

電話——自動電話語音系統提供多種回應的選擇。在需要快速提供預錄信息的時候，電子傳遞迅速有效。但是電話回應小組能提供更多的人工答覆（見29頁），手機也是十分有用的工具。

教會通訊——教會通訊幫助信徒了解教會的節目、計劃和活動，另可刊登可能被視為較世俗、不宜在安息日上午報告的內容。教會通訊既可郵寄，也可用電子郵件發送——後者更節約省時。事實上雖然所有的信徒都有通信地址，但不一定都有電子郵箱。為了確保所有的信徒都能收到教會通訊，可以結合這兩種方法。寄普通信件還有助於了解信徒目前的地址。此外，教會的網頁也是一種省時有效的通訊方法。

牧者的問候或信息：可以是屬靈勸勉、鼓勵信息、教會活動報告和一則感人的故事，但都必須簡短有吸引力。

月曆表：全月活動的時間表不僅提醒人教會活動的時間，而且會引發人參與的興趣。鑑於一些人會把月曆表貼在家裡方便提醒，所以要印製得精美一些。安息日崇拜證道的題目，會讓崇拜者為當日的主題作準備，有助於引起他們產生興趣和邀請來賓參與。

新聞：有關教會和個人的新聞是信徒們感興趣的，包括結婚、出生、獻嬰、受浸、畢業、各種週年紀念、患病、亡故等。列一份生日和結婚紀念的預告，能鼓勵信徒們彼此道賀，策劃一同慶祝。發表之前要確認新聞的準確性。若涉及病患，發表之前要與患者商量。

青少年欄目：有關青少年成就，尤其是學業成就的消息，是大家廣為關注的，能讓教會大家庭了解孩子的進步情況。在可能的情況下，為報導和消息配上圖片會使故事更加生動。這也會向青少年表達教會大家庭的愛護和關心。兒童專欄配上《聖經》測驗、字謎和遊戲會增添他們對教會通訊的關注度。

教會通訊錄——教會通訊錄能有效地發展和鼓勵教會組織內的友誼。有了同道的名單，信徒們彼此會更加熟悉。發表教會通訊錄的最佳時間是在教會選舉之後、制訂隔年計劃的期間。通訊錄可包括：

· **教會的傳道使命。**
· **教會簡史。**
· **牧師的信息。**
· **安息日禮拜的程序，包括奉獻時間。**
· **特別的項目、研討會和節目。**
· **教會職員的名單。**

‧各委員會及堂董會的召開時間。

‧信徒的生日。

‧牧師的時間表。

‧常用的電子郵箱和電話號碼。

‧區會職員和各部幹事的名單。

‧教會信徒所辦企業、服務業或機構的地址和電話號碼。

小組佈道

「應當組織許多小團隊，作為基督徒服務的基本單位，這是上帝指示我的一個計劃。如果教會人數眾多，就應當讓信徒們組成許多的小團隊，不但為信徒們工作，也為非信徒們工作。」（《佈道論》，原文115頁）各地建立這種小組活動的興趣大不相同，興趣和創造性會為教會活動和交流的發展提供大量的機會。以下列出幾種最普遍的活動小組：

禱告小組——教會在週間晚上所舉行的禱告會，是最悠久的傳統小組活動形式，依然為許多人所喜愛。但已定好的時間和流程可能不符合許多人的實際情況。雖然他們希望能夠參加禱告會，但無法配合它的時間。一些人喜歡上班前舉行禱告早餐，另一些人喜歡有午餐禱告小組。鼓勵狀況不同的人在不同的時間裡組織禱告小組，會大大增加禱告小組的參與人數。

研經小組——在復臨教會中歷史最為悠久的《聖經》學習小組，就是安息日學。這種理想的小組形式所進行的交流，能滿

足其成員的需要，可適時地超出安息日學的時間範圍。和禱告小組一樣，有些人希望在其它地點和其它時間參加《聖經》學習。一些小組的建立是依據共同的興趣，一些是透過朋友圈，一些則是根據時間和地點的方便性。

研討班和支持小組——人們往往很關心其他人在生活中的重大變化，如結婚、生子、遷居、離婚、喪失親人或其它變故後是否會參加聚會。教會要主辦一些正規的研討班，支持和幫助關注這些議題的人。這樣的項目可能會吸引人參加家庭生活研討會、親子教養輔導班、應付壓力班，和滿足靈、智、體各種需要的班級。社會的基石是家庭，不論是小家庭，還是教會和社會的大家庭。上帝在伊甸園創建了家庭，賦予它責任，「要生養眾多，遍滿地面，治理這地。」（創1：28）婚姻和家庭的充實不僅履行了這個職責，還加強了教會的力量。

對社區佈道與服務——透過對社區的需要和興趣進行調查，可以組織小組針對所表達的這些需要提供關懷和指導。不是所有的信徒都有同樣的服務恩賜，或有這方面的愛好。志同道合的人可以聯合起來以增加他們的效益。「多加會」，現在一般稱為「社區服務社」，是歷史最為悠久的此類小組之一。服務的項目多得不勝枚舉，比如娛樂小組把有孩子的家庭聚集在一起進行休閒交流活動、庭院勞動、汽車維修、探訪老年人或身體軟弱的人等等。

社交聚會——從聚餐，共享音樂，或在公園裡野餐，都能看到社交的力量。社交聚會不需要特定的目的，我們受造就具有社交的本能，享受上帝所賜的社交本性就是我們相聚的充分理由。學校、教會和社區節目安排，都提供了社交聚會的理想機會。

休閒與興趣愛好——有人喜歡跑步，有人喜歡散步，有人喜歡游泳，有人喜歡體育運動；有人喜歡集郵、園藝、縫紉或觀察鳥類——不勝枚舉。但大多數人都喜歡與他人集體活動。教會中的交流應十分廣泛，運用這些活動把人凝聚在一起，繼而增進基督徒友誼的快樂。

熱情好客的教會——當客人來到教會的時候，他們是在尋求一些東西。他們既來參加，教會就有機會和責任幫助他們尋求。教會崇拜聚會的安排，要考慮和假定有來賓在場的情況。在門口歡迎他們是合宜而禮貌的，迎接可以延伸到門外。大教堂則需要協助停車，在惡劣的天氣裡，要特別關照人們從車輛出來前往教堂的路上保持乾燥和暖和；要指引孩子們到合適的安息日學班級裡；要把客人的名字記錄在來賓登記冊上。雖然真正的溫暖和友誼不是刻意模仿出來的，但也要指定計劃幫助人輕鬆自然地流露出這些品質，使來賓感到舒服，並鼓勵他們參與教會的交流。

愛宴——安息日愛宴既能款待客人，也能給信徒提供友好

交流的機會。並非所有的信徒都喜歡出席每週的愛宴，但若把教會的成員分成小組輪值，責任就會成為一種快樂和特權。

節目的推廣

為了利用為數眾多的活動和節目，需要作出精心的選擇以配合教會的傳道工作。要籌劃和安排各種活動的時間，避免削弱彼此的成效，或使信徒因過多的節目推廣而疲憊不堪。然而如果沒有推廣，就很少有人知道這些活動，結果沒有人參加。有推廣就有支持，不是需不需要，而是如何推廣的問題。

節目籌劃——在制訂教會年度計劃的時候，要請堂董會編制一份月曆，列出所有計劃的主要活動，然後透過各種方法告知教會，讓信徒對即將舉行的活動有充分的時間準備。把細節寫出來更容易理解，且有利於重溫。要透過教會佈告欄、教會通訊，或教會裡看得見訊息的各種設施傳遞信息。

在崇拜聚會時推廣——鑑於安息日的崇拜聚會通常是參與人數最多的時間，推廣節目的人可以利用這段時間進行。但要記住，教會工作的發展是敬拜的自然結果。推廣絕不可排擠靈性，然而辦好假期聖經學校、前鋒會安息日學、宗教自由會等教會活動，能給所有教會的信徒帶來屬靈的利益。

教會財務

CHURCH FINANCE

基督徒理財的職責乃是《聖經》的原則。它指教我們：要將人生視為上帝賦予我們的機會，學習在屬世的事物上作忠心的管家，藉以顯明我們配在永恆的事上作更崇高的管家。

正如耶穌在才幹的比喻中所教導，回來的主人說：「好，你這又良善又忠心的僕人，你在不多的事上有忠心，我要把許多事派你管理，可以進來享受你主人的快樂。」（太25：21）什一奉獻和捐獻不是為教會籌款，而是承認上帝對萬物和祂賜予子民福惠的主權。

奉獻的動機

福音的動機——人們受到上帝的恩典和救恩的恩賜感動而奉獻。教會的開支應當不是靠人的勸說，而是藉著福音改變了內心的人來負擔。

崇拜的行動——人們以奉獻為崇拜的行動。任何其它的動機，比如恐懼、愧疚、試圖以金錢購買恩惠，都是對上帝旨意的誤解和歪曲。

支持傳道工作——人們如果理解和相信教會的傳道使命，就會奉獻。他們看到自己的支持推進當地和全球教會的傳道工作。「定期捐獻，不應成為定期強迫奉獻。上帝所悅納的是樂意的奉獻。」（《證言》卷三，原文396頁）

奉獻的方式

定期捐獻——就像個人的財務一樣，最有效的籌款方法就是制訂計劃和預算。藉著預先細心的籌劃，國內地方教會和全世界教會的工作就會有效地運作起來。要把這樣的計劃告訴教會的信徒，使他們能作出智慧的選擇。通過得到認可的捐款制度定期奉獻，是支持教會傳道工作的理想方法。「緊急募捐呼籲並不是籌集款項的最好計劃。」(《證言》卷三，原文511頁)

捐獻的遺囑——教會的長期管理計劃應包括遺囑和信託，鼓勵信徒在遺囑和信託中撥出一部分資金支持教會的工作。

專項捐獻——特殊的需要和項目經常會出現，以呼籲得到教會的支持。雖然偶然的需要往往是捐獻的有效機會，但經常性的呼籲會削弱教會更廣泛的傳道工作，並且讓資金過於集中地流向表達最具說服力、最令人動情的呼籲。

憑衝動奉獻——人有時會憑衝動奉獻，但就像個人憑衝動花錢時一樣，這會導致原本可以更有智慧運用的財源快速枯竭。

處理教會的款項

牧師應成為謹慎忠實理財的模範，促進教會健全的財務管理，同時清楚地認識到捐款是敬拜上帝的行動，應依據上帝所悅納的方式管理。要徵募具有財務管理和會計技能的信徒協助教會資金的管理。

內部監管——內部監管制度能減少資產被盜的風險，消除不必要的試探，增進財務記錄的準確性，並保護司庫和牧師不受虛假的指控。捐款要由兩位或兩位以上不相關的人清點，並分別記錄。所有的款項都應記錄在司庫的賬冊上，任何人均不得借用捐款。核定預算內的開支需依據收據，註明用途和收款人，由司庫予以報銷。預算外的開支需依據預先設定的金額由司庫或堂董會批准。

教會司庫——司庫直接對堂董會負責。司庫定期公開的財務報表，要得到堂董會的批准。有些教會還設立財務委員會指導司庫，但財務委員會也要服從堂董會。牧師也要密切配合司庫的工作，但和財務委員會一樣，在教會財務問題上要服從堂董會。司庫除了向堂董會報告以外，在事工會議上也要負責向教會報告。堂董會可以表決通過某些讓牧師支配的資金，但牧師不可以超出這些範圍使用教會資金。

編訂預算——教會年度計劃的各項活動安排，應早於年度預算的編制。這樣就可避免把預算建立在「循環發展」（Circular Progress）上——即用去年的項目和預算來決定隔年的項目和預算。預算應交事工會議表決通過，所有的成員都有機會表達自己的看法，享有制訂計劃的主權。《教會規程》提供教會預算的樣本。

教會的債務——《教會規程》規定了關於教會債務的方針。

認真遵循這些指南有助於防止教會長期負債，實行其中的建議，會促進經濟狀況的健康，有利於全球教會的發展。

承諾——以下個人財務誠實透明的聲明是2002年總會年會上投票通過的。教會中擔任領導職務的人都應閱讀和簽署。

個人財務誠實透明聲明書

領袖的角色對於培養信徒對教會的信任和加強他們與上帝的關係是十分重要的。教會的領袖有責任在一切事務上誠實透明。

使徒保羅提供了領袖的《聖經》範例：「我們還打發一位兄弟和他同去。這人在福音上得了眾教會的稱讚。不但這樣，他也被眾教會挑選，和我們同行，把所託與我們的這捐貲送到了，可以榮耀主，又表明我們樂意的心。這就免得有人因我們收的捐銀很多，就挑我們的不是。我們留心行光明的事，不但在主面前，就在人面前，也是這樣。」（林後8:18-21）

懷愛倫在論述十分之一和教會領袖的財務工作時說：「負責的人行事要使信徒對他們有堅定的信心。這些人不應該害怕公開工作管理中的一切事。」（《文

稿發布》卷十三，原文198頁）

　　教會領袖認識到自己在使用教會資金時是對上帝、對祂的教會和對教會所公佈的方針負責的。因此教會若有誠實透明的領導，就會增進人對上帝和祂教會的信心。基督復臨安息日會的領袖有責任清晰明白地提供教會機構財務處理的信息。關乎個人財務的細節應當予以尊重和保密。教會機構一切其他的帳目和正確的財務信息應定期完整地向各機構的會眾報告。

　　我承認到教會交託我領袖的責任，接受我作為其他信徒榜樣的角色，認識到我要對上帝和教會交賬，故確認這份《個人財務誠實透明聲明書》，願意保留這份文件，作為我個人承諾的提醒。

簽名：＿＿＿＿＿＿＿＿＿＿＿

機構：＿＿＿＿＿＿＿＿＿＿＿

日期：＿＿＿＿＿＿＿＿＿＿＿

第 **27** 章

教堂設施

CHURCH FACILITIES

嚴格來說，一幢房子只能稱為一個建築物。然而隨著時間的推移，一個已奉獻的教堂建築物其意義就不再只是一個建築結構而已。個人投入的資金和努力、交流和崇拜的經歷、兒童奉獻禮、洗禮、畢業典禮、婚禮、喪禮和會眾的屬靈經驗等等——這一切都使教堂贏得了超越建築物本身的喜愛和尊敬。教堂作為會眾在這世上的家，應該得到維護和尊重。

現有的設施

執事負責教堂建築的維護。雖然可以聘用保管和維修人員照顧維護教堂的設施，但仍需由執事負責監督這項工作。沒有好好維護的設施對來賓和周圍的社區不僅沒有吸引力，還會使外界對教會留下負面的印象。人們可能容易習慣於建築的外觀，以致忽略了維修和保養的需要。教堂失去吸引力，往往不是因為老舊或蓋得不好，而是因為維修保養不當。

要認真關注整潔、乾淨和裝飾的品味。執事和教會領袖應定期檢查建築，彷彿自己是來賓，正準備留下對教堂設施的第一印象。在檢查中使用表格有助於評估，而評估的項目包括前院、招牌、外部裝飾、前廳、內裝修、洗手間和消防設備等。教堂設施要按照區會的方針實施保險。

設施的租賃

復臨信眾時常會發現有必要出租／承租教堂設施。由於本會主要是在星期六使用教堂，故有機會與在星期日聚會的人共

享教堂設施，因此向這樣的團體出租和承租。雖然向其他教會租用是復臨教會在過渡時期的實用作法，但資深的信徒通常不滿意這樣的安排。過了一段時期，擁有自己教堂的願望和能方便使用設施的渴望，常常使會眾決定擁有自己的產業。

但是，如果其他教會失去了他們崇拜的場所，本會允許甚至邀請他們租用我們的教堂一段時期，這或許是基督徒應該做的事，但在這種情況下，要配合具有法律約束力的文件，寫清楚租約的每一部分，經租賃人和區會負責教產的職員簽字，並且在預備這些文件的時候，要諮詢區會的法律顧問。在有些情況下，租金的收入需要納稅，一定要讓教會的保險公司知道這份租約，並予以承保。租賃人也要簽租賃保險，以防止承租期間的意外事故。

將教堂建築物長期租給其他教會或組織一事，必須慎重考慮。一些團體的作法和名聲可能帶給會眾不自在感和社區的負面觀感。這樣的租賃，有可能引起誤會，導致教堂額外受損，增加維修和使用的費用，會眾也會認為只為了增加一些額外收入就出租教堂而感到失望。

新設施

教會經常會因各種原因而遷往新的地點，這時教會應與當地的區會商量。教會可能因發展需要擴大場地，也可能建立了一個新的教會，或是他們需要更有效率地為特定的會眾服務，

或者喪失了現有的產業。這種遷移可能透過建造新堂或購買現有的房子來實現。不論怎麼選擇,在做決定時所要考慮的問題都是一樣的。

適中和方便性——要研究人口分布,了解那塊土地是否座落教會計劃未來要服事的人群當中。地點的選擇要專注在未來想贏得的生靈上,而非現有的教友上。要考慮的問題包括教會成長的模式、鄰里的穩定性,以及當地的公共交通和停車狀況。若是地點合適,還可以讓教堂設施在平日用作日託中心、診所或舉行研討會、輔導會或其它活動的場地。

能見度——一座具有吸引力的建築,醒目地立在交通要道上,是教會及其所代表之真理正面宣傳的長期廣告。

費用——量入為出固然重要,但如果把價格看得比其它方面都重要,那就是目光過於短淺了。只因土地是捐獻而來或低價購得,而把教堂建在不適合的地點,最終的費用可能會變成與建在更好的土地上一樣多。

面積——建築面積太小就沒有發展的餘地,面積太大,維護的費用又很昂貴。要考慮會眾的長期計劃,以及在現場建立其它設施的可能性,比如學校、社區服務中心和休閒設施。

限制——要仔細研究和記錄規劃條例、合約及建築限制。根據本會規章,教會的產業必須登記在區會為此而建立的法律

社團名下。產業的轉移必須在律師、其他合適的專業人員或當地法律所認可、財產的管轄權所批准的團體協助下進行。

設計

吸引力——在設計時要仔細考慮吸引力與奢華之間的平衡。「上帝不喜悅華而不實的虛飾和不必要的裝飾所展現的虛榮驕傲。但祂已給出切實的證據表明祂是喜愛美麗的，祂為人類創造了一個美麗的世界，並在伊甸立了一個可愛的園子，其中有各種各樣結果子的樹和悅人眼目的樹，且用形形色色最可愛的花卉裝飾大地。」（《證言》卷二，原文258頁）

實用性——除了崇拜的功能之外，還應考慮教堂裡能舉行其它什麼活動。要有足夠的空間滿足教會社交和擴展，以及青少年的需要。優秀的建築師會設計出既美觀又實用的教堂，幫助教會避免以後的遺憾。要注意滿足行動不便的崇拜者的需要。

靈活性——傳統的固定座位和傾斜的地面，使教堂裡的會堂難以用來進行除了演講和音樂會形式以外的任何活動。詩班固定的高椅，妨礙了空間的其它用途。一小群人聚集在一個大房間內，會減弱熱情，使聚會看上去不成功。如果房間的面積和聽眾的人數相稱，聚會的情緒就會大大提升。理想的會堂，應該可以根據會眾的人數，有局部可以打開或關閉的地方。適合小組的小房間可用於安息日學。

音響大小要有靈活性。音樂和講道在音響方面的需要往往會彼此相爭。音響效果應充滿活力，音樂清楚無雜音，使會眾能夠配合唱詩；然而在講道時，音響要十分柔和，避免產生刺耳難聽的迴聲。要安裝有吸引力的影音投影裝備，以避免時常要將投影機放上又取下。

設計考慮崇拜和團契——教會的會堂過去往往設計為狹長方形的講堂，因此，使崇拜者彼此隔開，並與帶領崇拜的人隔開。然而團契生活是崇拜的一部分，崇拜者會聚集彼此交流，並與上帝交流。理想的會堂形式，應該使崇拜者彼此接近，並與帶領崇拜的人接近。本會的講壇通常置於講台中央，強調崇拜的中心是宣講上帝的道。

第 **28** 章

教會的紀律處分
CHURCH DISCIPLINE

牧師和會眾有責任執行教會的紀律。上帝在囑咐以西結的時候稱他們為「守望者」，祂說：「人子啊，我照樣立你作以色列家守望的人。所以你要聽我口中的話，替我警戒他們。我對惡人說：『惡人哪，你必要死。』你以西結若不開口警戒惡人，使他離開所行的道，這惡人必死在罪孽之中，我卻要向你討他喪命的罪。倘若你警戒惡人轉離所行的道，他仍不轉離，他必死在罪孽之中，你卻救自己脫離了罪。」（結33:7-9）

教會的紀律要求在堅持原則和實施寬恕仁愛之間取得平衡。「我們必須謹防，不可對行錯事的人過於嚴厲；同時我們也必須小心，不可忽視罪非常邪惡的本質。我們需要對於犯錯的人顯示基督化的忍耐和愛心；但我們也不可對於他們所犯的錯誤過於容忍，使他們以為自己不該受責備，並以自己所受的責備為不必須和不公正的，因而加以拒絕。」（《使徒行述》，原文503-504頁）

處分的重要性

在一個寬鬆的社會裡，教會必須認識到，不實行標準就等於放棄標準。教會的處分往往出現兩個極端：一些人疏忽，另一些人嚴酷無情。但這兩種極端都不是放棄執行教會紀律的理由，紀律處分對於保持教會的純潔是很必要的。

處分的目的

不要把處分看做是懲罰，而要視之為挽回犯錯者的手段。

處分是教會的保障,是為了維護教義和信徒行為的純潔性。

尊榮基督——「若有人偶然被過犯所勝,你們屬靈的人就當用溫柔的心把他挽回過來,又當自己小心,恐怕也被引誘。你們各人的重擔要互相擔當,如此,就完全了基督的律法。」(加6:1–2)

挽救罪人——好牧人首先關懷那隻迷失的羊。祂去尋找牠,不是去羞辱牠,傷害牠,而是要把牠帶回羊圈。處分應成為迷失者回歸的途徑。

表示關懷——愛心必須置於懲罰之先。上帝說:「凡我所疼愛的,我就責備管教他。」(啟3:19)

實施處分

《教會規程》詳細說明了教會的紀律處分,交代了處分的定義、理由和實施的程序。這裡不再重複,以下的指南就教會紀律處分的實施提出建議。

依據《教會規程》——《教會規程》代表了本會對《聖經》處分原則及智慧的理解,同時也是經由實施與討論所得出的結果。忽視《教會規程》意味著違背全球教會的正式立場。要以《教會規程》作為涉及處分之人的指南和保障,不遵守這些程序有時可能要負法律責任。

強調寬恕——受到處分的人可能視之為排斥和懲罰，而不是挽救的努力。他們可能覺得很難相信上帝原諒他們，但教友也會原諒他們，因此處分必須伴隨著強調寬恕。「若是你的弟兄得罪你，就勸戒他；他若懊悔，就饒恕他。倘若他一天七次得罪你，又七次迴轉，說：『我懊悔了。』，你總要饒恕他。」（路17：3-4）「倘若你的弟兄犯了錯誤，你必須饒恕他們。你不可像一些無知的人那樣說：『我不相信他們已經夠謙卑了。我不相信他們自己覺得應該悔改。』你有什麼權利論斷他們，好像你能洞悉他們的內心呢？」（懷愛倫，《文稿發布》卷十五，原文184頁）

依據《聖經》處分——太18：15-17耶穌的話說明了處理教會中罪行的程序：直接去與當事人談。若是解決不了，就帶一、二個人同去。若還是解決不了，就把事情告訴教會。若是不聽教會，就可視他為外人。「但在尚未忠實地遵行基督的指示之前，無論哪一個教會的職員，哪一個委員會，哪一個教會的投票，都不可主張、提議和表決，將一個犯錯者的名字從信徒名冊上除去。」（《證言》卷七，原文262頁）有時在特定狀況下，可能還存在身體傷害的事，這時若讓受到傷害的一方自行解決乃是不智的。

及時處分——及時處理罪行，可能導致悔改。但由於處理罪行是一件不愉快的事，就可能拖延到幾個月，甚至幾年以

後。後來若當事人要求轉移教籍到其他教會時，造成原教會卻根據很久以前的事而拒絕介紹。教會在罪行十分明顯時不願處理，就這樣使自己表現出懶散和缺乏饒恕的精神。「在對待犯錯的人時，不應採取嚴厲的措施；溫和的手段會有效得多。在最好的辦法都堅持不懈地試過也不見效時，仍要忍耐等候，看上帝是否感動犯錯者的心。」（懷愛倫，《义稿發布》卷十五，原文197頁）

自願受處分——如果處分不可避免，可以給予犯錯者機會，好讓他選擇自動離開教會。在某些情況之下，這可以免去不必要的公開討論，給個人造成尷尬。一個自願離開的人不會像被迫退出那樣，有被棄絕的感覺。但教會有必要對明目張膽公開違犯教會準則的事表明立場。要盡可能仁慈，但態度要堅決。

處分要公正——處分不可依據犯錯者在教會和社會裡有多少朋友，或處於什麼地位而定。凡涉及犯錯者問題或與此密切相關的人，不得參與案子的決定。唯有教會事工會議才有權做出最後的處分決定。

保守秘密——在事工會議上，各成員有權詢問細節。但他們通常會允許由一個小組，如教會長老或教會堂董會來處理尷尬的細節，牧師也要知道處分事項的全部細節。處理這些事務的程序，按馬太福音十八章所說：「要憑兩三個人的口作見證，

句句都可定準。」(16節)公開的罪要公開認罪,但教會要本著寬恕和接納的精神、而不是懲罰的態度予以接受。

保持接觸——儘管基督教處分的目的包括了要挽回犯錯的信徒,回歸教會團體,但有時叛逆的心可能拒絕最友善的和解努力。要設法經常與離開者接觸,讓他們知道自己仍然被人記住和懷念,這對於入了獄的犯錯者來說特別重要。

第 **29** 章

教會學校
CHURCH SCHOOLS

教會經營的學校體系是要確保教會的孩子能按照教會的標準和理想,接受靈、智、體、社交和職業教育的均衡發展,以上帝為一切道德價值和真理的泉源。教會的宗旨包括在人身上恢復上帝的形象,使個人在今生和來生得到最佳的發展。真正認識上帝、在學習和服務中與祂交流親近、在品格造就中能越來越像祂,這些是復臨教育的源頭、方法和目的。

教會所辦的學校應努力為學生提供以救贖大計為框架的教育,包括掌握學習過程、職業技術、公民教育、成熟道德的基本原理。學校應透過以基督為中心的優質教育,致力於達到屬靈獻身、自我認知、社會適應、經濟自足、公民責任、普世宣教和服務的目標。

基督化教育的重要性

基督非常重視教會對孩子的教育。祂教導祂的門徒說:「讓小孩子到我這裡來,不要禁止他們,因為在天國的,正是這樣的人。」(太19:14)使徒保羅勸父親們「照著主的教訓和警戒養育他們」(弗6:4)。「從最高的意義上說,教育工作與救贖工作是一致的。」(《教育論》,原文30頁)有些教會把辦學作為教會預算的主要部分,以便給教會的孩子提供這項重要的服務。

在教會裡提倡基督化教育

安息日的年度基督教育日——在學年開始之前,要讓基督

化教育成為一次崇拜聚會的主題。要邀請教會學校的老師們來到會眾前面，作獻身禱告。也可邀請學校的孩子和家長參加這個獻身儀式。除了年度教育日之外，學校的學生個人和小組也可以定期參與崇拜聚會。

對教師的支持──牧師和教師是傳道事工的同工。牧師也應該參與學校課程，定期探訪課室，教導《聖經》課程，出席學校的節目和活動。學齡中的兒童對浸禮會展現高度興趣，可配合教師舉辦浸禮班。屬靈上的重視有助於孩子們及早委身於基督。牧師的孩子要進入教會學校就讀，表明牧師的家庭對學校的支持。

日託中心　很多父母希望找一個合格可靠的地方，在他們工作時可以照顧他們的孩子。教會和學校或許有設施可拿來做此用途。日託中心可以藉此為學校和安息日學提供儲備學生。經此產生的友誼和好感，也能對父母發揮強大的佈道影響。

平行的宗教教育──在沒有教會學校的地方，要提供特別設計的課程及活動，讓孩子們在上學前後或週末聚集，獲得他們應該在教會學校裡得的《聖經》教導和屬靈培養。

牧师手册
Minister's Handbook

第 **30** 章

浸禮

BAPTISM

耶穌對門徒所說最後的話中，吩咐他們使萬民作祂的門徒，接受洗禮作為進入上帝之國的象徵。這個加入教會的神聖儀式涉及教導（太28：20）、悔改（徒2：38）、相信（徒8：12）、在基督裡的新生（羅6：4）、與祂的子民相交（徒2：46-47）。因此，這成了個人和教會生活中的大事，需要正確認識其重要意義。

浸禮時要作兩方面的承諾：受浸者承諾委身於基督和祂的教會；會眾則承諾愛護、照顧、接納受浸者進入教會。浸禮如果是安息日崇拜的一部分，就應該隆重舉行，使受浸人充分認識到浸禮的意義。浸禮如果單獨舉行，就要安排簡短證道，詮釋這個聖禮的意義。

施浸之前

日程安排──浸禮在於個人的選擇。腓利和埃提阿伯人（編按：新標點和合本《聖經》譯為衣索比亞人，是個有大權的太監）他們的經驗說明了選擇浸禮的急迫性。「二人正往前走，到了有水的地方，太監說：『看哪，這裡有水，我受洗有什麼妨礙呢？』（有古卷加：腓利說：『你若是一心相信，就可以。』他回答說：『我信耶穌基督是上帝的兒子。』）於是吩咐車站住，腓利和太監二人同下水裡去，腓利就給他施洗。」（徒8：36-38）

也許這樣匆促的浸禮次數不多，因為需要作適當的準

備，還得有充足的供水，然而長時間的預備以安排浸禮並不符合《聖經》的教訓。教會不僅要安排定期的浸禮，也要準備好會被臨時通知要舉行浸禮。定期的浸禮安排和計劃不僅為希望接受聖禮的人敞開了門路，還能鼓勵教會尋找新教友受浸。教會至少一季要安排一次浸禮，較大的教會可以一個月左右安排一次。

場地——浸禮是個人和社區的大事。受浸者的家人和朋友通常希望其他人與他們一起慶祝浸禮。雖然大多數浸禮是在教堂浸禮池裡舉行的，但有些人選擇在其它水源的地點，比如在溪水或湖水中舉行。一些人希望單獨受洗，而有些人則喜歡參加上百人，甚至是上千人的集體浸禮。

設施的準備——為了給浸禮作好準備，牧師、執事和女執事有責任安排好浸禮用具。浸禮池要放好水，預先加溫。要特別小心水邊的電器設備。音響設備、燈光和加熱器要經過檢查，安裝在進入水中的人碰不到的地方。

要提供浸禮袍、毛巾和更衣設備。戶外浸禮的設施雖然大不相同，但仍然要盡量予以關照和幫助。行動不便的人需要攙扶甚至抬到水裡，也有可能是坐著輪椅浸入水中。病情嚴重的人可以在家中或醫院裡利用澡盆舉行。

個人準備——浸禮的程序要對準備受浸的人明確解釋。有

些人害怕在大庭廣眾之前；有些人害怕浸入水中，在這些問題上，必須向他們作出保證。了解浸禮時會進行的詳情，有助於消除他們的這些顧慮。

浸禮袍——在可能的情況下，教會應當提供合適的浸禮衣服，比如長袍。建議用深色的衣袍，因為白色的衣料濕水後較為透明，而比較重的下擺可以防止入水時衣服飄浮起來。受浸人要在浸禮袍裡面穿上內衣褲。如果沒有浸禮袍，受浸人應帶來全套更換的衣服。

授權施浸——《教會規程》規定：「若是牧師無法出席，教會的長老應向區會會長請求安排，為那些希望加入教會的人舉行浸禮。」至於除了按立的牧師之外，還有什麼人可以被授權施浸，請按照《教會手冊》和《總會工作規章》L 25執行。

表決接受領浸者為教會成員，可在浸禮之前或之後進行。如在浸禮之前進行，所表決的是指浸禮。表決時，可以要求施浸者站在前面，然後歡迎受浸者進入教會的家庭。

施浸之時

介紹——當受浸人進入浸禮池時，施浸者將他們介紹給會眾時，可邀請在他們的生活中具有重要影響的家人和朋友站在旁邊祝賀。如果一個家庭有好幾位在同一場浸禮中受浸，最好安排他們一起進入水中，但前提是浸禮池空間要足夠。

將受浸者放入水中——施浸者必須牢牢托住受浸者，同時讓受浸者緊緊拉住施浸者的手臂，這尤其會給怕水的人帶來安全感。要小心把一塊布蓋在受浸者的口和鼻上，防止浸入水中時水流入口鼻的不適。由於浮力的關係，只要動作緩慢輕柔，不必特別考慮浸入水中或從水中站起時個人的重量。特別是個子高的人，可以吩咐他們入浸時屈膝配合。

要用簡短的話承認受浸者的委身，比如：「因為你表示相信基督為你的救主，願意在祂裡面過新的生活，我奉聖父、聖子、聖靈的名為你施洗。」

通知和邀請——浸禮結束時，正好可以對希望下次受洗的人發出邀請，並通知下次浸禮的時間。最後，浸禮以洗禮池旁的禱告結束。

施浸之後

歡迎——浸禮之後，要安排一個地方讓會眾歡迎受洗的人加入教會團契。

聚餐——如果可能的話，舉行聚餐歡迎受浸的人，並提供進一步交流和家人慶祝的機會。

指定屬靈導師——新信徒需要教會資深信徒的支持、友誼和鼓勵。尤其應該安排教會的長老履行屬靈導師的職責，關照新受浸的人。但是有幫助和鼓勵恩賜的人也應參與這項工作。

牧师手册
Minister's Handbook

第 **31** 章

聖餐禮
COMMUNION

基督在與門徒共進最後的晚餐時設立了聖餐禮，其目的是要記念祂的犧牲和建立教會的團契。這個禮節的嚴肅性和它所引起的交流，給會眾帶來鼓勵和屬靈的復興。主持聖餐禮是牧師或長老最神聖的職責之一。「凡與聖餐禮有關的每一件事物，都應預備得盡可能完美。」（《佈道論》，原文277頁）

各地遵守這個神聖禮節的慣例並不完全一樣。儘管這些慣例不一定有《聖經》的依據或規定，但採用讓參與者感到自在的方式，乃是有智慧的與合宜的。

舉行的時間──本會通常每季舉行一次聖餐禮拜，一般放在每季的最後一個安息日或第一個安息日。但這並不是嚴格的時間規定。《聖經》顯然沒有規定聖餐禮的次數和定時，只是說：「你們每逢吃這餅，喝這杯，是表明主的死，直等到祂來。」（林前11:26）

除了每季的聖餐禮拜之外，其它場合也可以舉行聖餐禮，比如燭光晚會、新年聚會，或在禱告週結束時通常會舉行的「愛宴」上。

聖餐禮應註明在教會的年曆中，提前通知，讓教會領袖有充足的時間準備儀式所需的用品和設施。

主領者──按立的牧師或長老被授予主領聖餐禮。男女執事協助傳遞和分配餅和葡萄汁，以及謙卑禮用具。

參與者——復臨信徒實行開放式的聖餐禮，邀請任何願意委身基督的人參加。「基督的榜樣不許可祂的門徒排斥他人參加聖餐禮。公然犯罪的人固然不得參加，這是聖靈所明白指示的，但除此之外，沒有人可以擅自審判別人。上帝並沒有讓任何人決定誰可以參加這些禮節，因為誰能洞察人心呢？」（《歷代願望》，原文656頁）

使徒保羅說：「無論何人不按理吃主的餅、喝主的杯，就是干犯主的身、主的血了。」（林前11：27）這句話主要是指遵守該禮的態度。雖然交流是此禮的一部分，但它是屬靈的交流，是信徒重申他們對耶穌的信心和與其他同道交流情誼的機會。

兒童參加聖餐禮，並沒有規定具體的年齡。認識聖餐禮意義的時間是因人而異的。基督復臨安息日會一致決議，兒童在「受洗委身耶穌」後可以積極參加聖餐禮。關於兒童參加聖餐禮的問題，請參閱《教會規程》。

證道——由於安息日聖餐禮拜內容較多，整個程序包括證道都要縮短，以配合崇拜的時間。這一點對於提供多個崇拜儀式的教會來說特別重要，要注意分配給每個崇拜儀式的時間。聖餐禮的證道通常是在謙卑禮之前。整個證道時間大概不宜超過十分鐘，聖餐禮主要不是講道聚會。

謙卑禮（洗腳禮）——在約翰福音中耶穌洗腳的記錄，是「耶穌的最後晚餐」中不可缺少的一部分。耶穌「就離席站起來脫了衣服，拿一條手巾束腰。隨後把水倒在盆裡，就洗門徒的腳，並用自己所束的手巾擦乾」（約13:4-5）。祂洗完腳以後，回到桌子旁說：「我是你們的主，你們的夫子，尚且洗你們的腳，你們也當彼此洗腳。我給你們作了榜樣，叫你們照著我向你們所做的去做。」（約13:14-15）

教會可以讓男士和女士在不同的房間裡舉行謙卑禮，或者按《教會規程》所說：「有些地方，如果社交上認可，衣著方面也無失當，就可作出特殊安排，使丈夫和妻子、或父母和已受洗的兒女在謙卑禮中彼此洗腳。」要注意幫助那些行動不便的人參加這個禮節。

男女執事要負責為謙卑禮提供水盆、水和毛巾，還要提供洗手盆，以及肥皂和毛巾，使所有的人都能在謙卑禮後洗手。參與者在洗畢後回到會堂。對於不參加謙卑禮的孩子，可以安排給他們講故事。

聖餐禮

會眾齊唱聖餐禮的詩歌，或演奏其它合適的音樂，有助於在服事的領袖進行事前準備，和前往聖餐桌時營造默想的氣氛。餅和葡萄汁在聖餐前後都要蓋上。主領的牧師或長老揭開餅，讀一段合適的經文，如林前11:23-24。會眾坐著低頭。當

主領的長老求上帝祝福這餅時，桌旁的人員要跪下。

　　牧師和長老們起身後，象徵式地擘開一部分的餅。大部分的餅已經在聚會之前擘開。為表示衛生，桌上要擺一盆水和毛巾，以供擘前洗手，然後將托盤遞給執事們，把餅分給會眾。執事們服事完會眾回來後，牧師和長老們就服事他們，並彼此服事。主持者覆述一句合適的話，比如耶穌在林前11：24中所說的，接著就領導會眾一同領用那餅，然後默禱。

　　主領者把餅蓋起，揭開葡萄汁，然後讀一段經文，比如林前11：25。由一位長老獻上禱告，求主祝福葡萄汁，再重複分派的程序。主持者覆述一句話，比如林前11：25中耶穌的話以後，就帶領會眾一同領用葡萄汁，然後默禱。若是座椅上設有杯托，參與者可把用過的杯放在那裡。如果沒有杯托，執事就回到會眾那裡，把杯子放入托盤，再回到聖餐桌，重新蓋起來。

　　有些地方同時分發餅和葡萄汁。程序和上面一樣，但在分發前同時禱告祝福餅和葡萄汁，參與者同時領受兩者。提倡聖餐時使用個人的杯子，讓會眾一起領受葡萄汁，防止因使用公用杯子而面對的健康風險。

　　最後唱詩，效法主與門徒晚餐後唱詩離開的榜樣。通常是無伴奏地唱一節著名的聖詩。會眾離開時，許多教會的慣例是由執事們在門口收周濟窮人的捐款。

聖餐禮的後續工作

要以虔敬的態度處理剩餘的餅或葡萄汁。《聖經》並沒有指示處理方法，但習慣是把葡萄汁倒在地上，把餅燒掉。

長老和男女執事要負責把聖餐送給那些行動不便、無法赴會的人。若是環境不宜，洗腳禮可以省略。

準備聖餐禮的象徵食物

聖餐要使用無酵餅和未發過酵的葡萄汁。在無法購到葡萄和葡萄汁的地方，可用葡萄乾的汁。有些偏僻地區不容易買到這一類的東西，區會要提供合適替用品的信息。

聖餐餅的作法——會眾可能有自己喜歡的聖餐餅配方，但基本材料如下（製成後可供五十人使用）：

- **1杯麵粉（全麥麵粉最佳）**
- **1/4茶匙鹽**
- **2兩湯匙水**
- **1/4杯橄欖油或植物油**

把鹽和麵粉拌勻，把水倒入油中，但不要攪拌，然後倒入麵粉中用叉子攪拌，直到所有的麵粉都浸透水和油。然後壓成厚度約1/8英寸或三毫米的餅，放在一張無油而撒上少許麵粉的烤箱紙上，用鋒利的小刀將它切成適合口嚼的小塊，在華氏

450度下烘10-15分鐘。在最後幾分鐘要小心看著，以免烤焦。

（編按：《牧師手冊》的製作方法與《執事手冊》的作法略有不同，可自行參考各作法。）

牧师手册
Minister's Handbook

第 32 章

婚禮
WEDDINGS

婚禮向來是教會最喜樂的慶祝儀式，也是令教牧人員感到最愉快的職責。教牧人員願意藉此機會在一個快樂和屬靈的慶典中為新婚夫婦、他們的家人和朋友服務。「家庭的關係是地上最親密、最恩愛和最神聖的關係。它是為人類的幸福而設立的。人若憑著理智和敬畏上帝的心訂立婚約，慎重地考慮婚約的責任，婚姻就會成為一種福分。」（《復臨信徒的家庭》，原文18頁）

婚前輔導

雖然時間和距離的差異讓教牧人員安排婚前輔導有困難，但在婚姻準備期間這個重要步驟不可忽視。準備結婚的人通常在婚前很久就籌劃和安排婚禮，這就使得牧師或其他有資格的導師有充分的機會在婚姻計劃中安排這方面的服務。總會家庭事工部亦透過復臨文字中心提供了婚前輔導資料。

「敬畏上帝、遵守安息日、娛樂方式、相處之道和經濟資源的使用方式是幸福家庭關係中極重要的成分。由於這些方面的分歧往往導致家庭關係的惡化、灰心，甚至完全失去基督徒的經驗，婚姻的充分準備應該包括這些方面的婚前教牧輔導。」（《教會規程》）

由於普遍的婚前性行為及愛滋病毒的感染，性病在世界十分猖獗。婚前保持貞潔和婚後忠於婚姻誓言，是一件非常重要的事，這樣才能保護雙方免受到這些危害。如果一方沒有遵

守，就要建議完全的誠實，並做一次仔細的健康檢查。

法律的要求

主持婚禮的人有責任了解所在地婚姻的法律和要求，遵守婚姻登記和領證的手續。在教牧人員無權主持婚禮的地方，婚姻雙方應參與合法的儀式，再由牧師主持宗教禮拜。

本會的要求

被授權的主持人——「在婚禮中，主持立約、宣誓和公佈成婚的，只能是經過按立的牧師，但在有些地區，經分會執行委員會議批准，經過揀選、持有執照或證書，並已被按立為當地長老的傳道人，可以主持婚禮。」《教會規程》

不適當的婚姻——「夫妻若能同心合意，以共同的屬靈價值觀和生活方式聯結在一起，婚姻就更有可能持久，家庭生活也就更符合上帝的計劃。鑑於上述原因，基督復臨安息日會竭力不主張本會信徒與非本會信徒成婚，強烈主張基督復臨安息日會的牧師不要主持這樣的婚禮。」（《教會規程》）

「婚姻的幸福和成功有賴雙方的同心聯合；而信主的和不信主的人之間在嗜好、傾向和目標上有很大的差異。他們是在事奉兩個彼此不能和諧的主。無論一個人的生活原則是多麼純潔正確，但受到不信主之配偶的影響，總有引誘他離棄上帝的趨勢。」（《先祖與先知》，原文174頁）

不適當的再婚──《教會規程》講到了結婚、離婚和再婚的問題，列舉了離婚後適合再婚的十個條件。在這些條件下宣布：「凡為上述規定所限、沒有《聖經》許可之再婚權利的人，任何基督復臨安息日會的牧師都不可為其主持婚禮。」

不適當的儀式──教會的婚禮主要是屬靈的承諾和崇拜的禮節。基督教的牧者不可以去主持被世俗陰影籠罩了屬靈事務的婚禮。

教會的要求

婚禮指南──教會應認識到婚禮指南編制的需要，說明設施使用的規則。這是合宜和智慧之舉。要為申請使用教堂舉行婚禮的人提供這樣的指南。指南的內容各地是大不一樣的，但應包括以下事項：

- 什麼人使用教堂設施舉行婚禮
- 誰主持婚禮
- 合適的裝飾和佈置
- 合適的音樂
- 合適的服裝標準
- 攝影指南
- 使用費用
- 設備和可以獲得的服務

參加的人——在教會所有的儀式和活動中，婚禮是非教友參與者最多的。新人的家人或朋友會應邀參觀婚禮儀式作為婚宴的一部分，或應邀參加音樂的表演。只要這樣的參與是符合教會的標準，就不要予以限制。

婚禮的籌劃

簡約——牧師雖然無法控制婚禮的細節和籌劃，仍應當鼓勵撙節簡約。「訂立婚約的每一步驟，都應審慎、簡約、真誠地進行，並抱著討上帝喜悅和尊榮上帝的堅定宗旨。」（《論健康佈道》，原文359頁，舊名《服務真詮》）

預先計劃——牧師從婚姻籌備的一開始，就與新娘和新郎討論婚禮的具體計劃，幫助他們制定周密的儀式程序。有些新人夫婦希望得到婚禮的詳細計劃，有些人則不大考慮相關的內容。牧師要避免擔任婚姻協調人，但程序的進行可能在很大的程度上會受牧師建議的影響，比如家人在觀眾中的座位、台上人員的位置，以及禮節的其它細節。

排練——大多數參加婚禮的人都不習慣於出現在大庭廣眾之前，他們在眾目睽睽之下會不安和緊張，他們當中有許多人彼此之間也可能不習慣。排練能大大減輕這些緊張，給婚禮帶來保障。與婚禮協調員合作，聚集參與者排演程序，會營造友誼的氛圍，給予程序屬靈指導，是很有價值的。

在幾句勉勵、經文和禱告的開場白之後，要解釋流程的每一步驟的最簡單方法，就是將所有的參與者都放在出席當天婚禮的實際位置上。解釋之後，讓他們離開安排好的位置來到進場的入口處，再從入口處進入原定的位置。退場時，牧者會再次經歷儀式的程序，然後婚禮也會在儀式完成時同時結束。

婚禮的程序

基督復臨安息日會沒有規定婚禮的形式，婚禮的習慣根據文化傳統有著多種形式。有些地方的婚姻習俗若與下面所提供的不同，分會或聯合會可以提出修改的建議，以便制定更加適合的婚禮程序。

以下所建議的婚禮程序不一定全部採用或嚴格按照其順序，可以根據需要和情形進行修改：

- **音樂前奏**

- **來賓簽名**：簽名冊通常放在前廳，供賓客進來時簽名。如果來賓人數眾多，就要把各頁拆開，讓他們簽在不同的位置，避免排隊等候。

- **來賓入席**：招待將新娘的親友接到教堂的左邊就座，新郎的親友則接到右邊就座。前排特別的座位留給新娘和新郎的父母和祖父母。

- **男方父母及女方父母入座**：新郎的父母和新娘的父母一進入，婚禮就開始。

- **特別音樂**

- **牧師和新郎一方進入**：牧師通常從房間前方的右側進入，步上講壇中央，面朝觀眾。新郎跟著上台，站在牧師左邊。伴郎則站在新郎左邊。牧師應特別留意婚禮每項流程進行時花費的時間。

- **新娘一方進場**：女儐相、伴娘、經童和花童從會堂後邊的通道進入。

- **新娘進場**：新娘挽著父親或監護人進入。雖然沒有起立的規定，但是如果新娘的母親站起來，其他人就一起站起來。

- **新郎迎接新娘**：新郎步下講台迎接新娘，新娘和父親站在家屬座位旁。

- **將新娘交與新郎**（見下面說明）

- **特別音樂**

- **新娘新郎步上講台**：在聖樂的演奏聲中，新郎和新娘步上講壇。兩人在牧者面前相對而立。

- **簡短證道**（見下面說明）

- **立誓**（見下面說明）

- **婚姻宣告**：婚姻宣告的慣例和司法程序不是千篇一律的。可以是屬靈形式，也可以是司法形式，或兩者相結合。

- **禱告**：新人在保證他們相愛和彼此忠誠之後就跪下，由牧者祈求上帝的大能幫助他們恪守承諾，心中和家裡充滿上帝的慈愛、喜樂和平安。

- **特別音樂**：這對新人跪著的時候，可以演奏特別音樂。〈主禱文〉或〈婚禮祈禱〉特別合適。

- **擁抱**

- **介紹**：第一次介紹新娘和新郎。若是新娘有要求，就邀請來賓出席招待會。

- **結束獻詩**：結束獻詩開始。新娘新郎從通道出場；伴娘和伴郎接著退場，順序與進來時相反。牧師直到最後離開。

- **父母退席**：雙方父母由招待員陪同出去，順序與進來時相反。

- **會眾退席**：觀眾從前排依序退場。

將新娘交與新郎

一些新人或家人可能希望省略這個傳統做法，覺得可能把女子貶低為父親和丈夫的財產。對於那些希望保留這個傳統問題的人，主持人說：「誰將這位女子嫁給這位男士？」新娘的父親可回答「是我」，或新娘父母一起說「是我們」。

簡短證道

婚禮的簡短證道不要超過五或十分鐘，要講到上帝關於婚姻和家庭的計劃，婚姻中要彼此相愛，基督對教會的愛是婚姻之愛的示範。雖然證道可以有個人的信息和分享，但要記住，這個神聖的禮節不可攙雜戲謔和世俗之舉。關於愛情和婚姻主題的合適經文有：

創1:26–28	「照著祂的形像造男造女。」
創2:18–24	史上第一場婚禮。
歌2	愛情之歌。
歌8:6–7	「愛情，眾水不能熄滅。」
可10:6–9	「夫妻不再是兩個人，乃是一體的了。」
約2:1–10	耶穌在婚禮中施行神蹟。
約15:9–12	「叫你們的喜樂可以滿足。」
林前13	「愛是永不止息。」
弗5:22–28	「作妻子的當順服。」「作丈夫的要愛。」
來13:4	「婚姻人人都當尊重。」

立誓

新娘和新郎攜手交換誓約。正規的做法是互握右手，或者採用比較親密的方式互握雙手。

傳統的誓約——傳統的誓約是牧師問新郎：「在上帝和眾證人面前，你（新郎的名字）願不願意娶這位女子（新娘的名字）為妻，遵照上帝為神聖的婚姻所定的旨意，與她生活在一起？無論患病或健康，順境或逆境，你都愛護她，安慰她，尊重她，照顧她；並在你們二人有生之日，只忠誠於她，絕不移情別戀嗎？你願意這樣宣告嗎？」

新郎回答：「我願意！」

接著牧師問新娘：「妳（新娘的名字）願意以這位男士（新郎的名字）作妳的丈夫，遵照上帝為神聖的婚姻所定的旨意，與他生活在一起嗎？無論患病或健康，順境或逆境，妳都愛護他，安慰他，尊重他，照顧他；並在你們二人有生之日，只忠誠於他，絕不移情別戀嗎？妳願意這樣宣告嗎？」

新娘回答：「我願意！」

然後牧師按手在新郎和新娘互握的手上說：「既然新郎和新娘已同意在神聖的婚姻中結為夫婦，並在上帝和眾人面前已作了見證，互立誓約，攜手作這樣的宣告，我作為一位傳揚福音的牧者，依照法律所賦予我的權力，宣布他們二人結為夫婦。上帝配合的，人不可分開。」

彼此對講的誓約——若是樂意的話，同樣的誓約可以重複使用，新娘和新郎隨牧者宣讀誓約時，應有停頓。

> 「我（新郎或新娘的名字）在上帝和這些證人面前接受你（新娘或新郎的名字）為我的妻子／丈夫，按照上帝為神聖的婚姻所定的旨意，與你一同生活。無論患病或健康，順境或逆境，我都承諾愛護你，安慰你，尊重你，在我們有生之日，只忠誠於你，絕不移情別戀。」

新人自擬的誓約——有些新人希望預備自己的誓約進行背誦。要求他們事先寫下誓言，並交一份給牧者，乃是智慧之舉。這樣做有兩個目的：提供機會讓人對文本提出意見。如果新人在當時的壓力下忘詞了，那就有人可以提示。這樣的誓約應包括相互的承諾是絕對而永久的，祈求上帝幫助和祝福他們遵守誓約。傳統的誓言可以作為預備個人化誓約的指南。

婚姻的宣告

「我憑著耶穌基督福音傳道者所獲得的權柄，根據上帝的旨意和法律的授權，依法宣布新郎和新娘結為夫婦。『上帝配合的，人不可分開』。」（太19:6）

簽發證書

根據司法規定，結婚證的簽發要求在婚禮之後，可以在招待會上進行。在大多數情況下，需要新娘、新郎、證人和

主持人簽名。理想的證人一般包括伴娘和伴郎。這種情況下，牧師在規定時間裡履行結婚證書的法定登記責任。新婚夫婦通常領一份，有一份要交給司法當局，有時主持人的檔案也要留一份。

費用和開銷

教會應當明訂使用教堂設施舉行婚禮的規範和方法。本會的一般信徒可免費使用教堂舉行婚禮，但其他希望使用教堂設施的人則理應付費，包括教堂使用費、事先進行準備和事後打掃場地的費用。

雖然本會牧師主持婚禮不收費用，但旅行的費用應得到補償。新婚夫婦可能希望為婚禮的服務而贈送牧者禮品表示謝意，牧者若是拒絕這感恩的禮物，他們可能會生氣，在這件事上需要謹慎運用個人的判斷力。

第 **33** 章

兒童奉獻禮

CHILD DEDICATION

把孩子奉獻給上帝，是《聖經》和基督復臨安息日會所確立的一個慣例，由牧者或長老主持。

與實行嬰兒洗禮的教會不一樣，嬰孩奉獻禮是遵從《聖經》中馬利亞和約瑟在聖殿裡奉獻嬰兒耶穌的榜樣（見路2：22）。懷愛倫記載道：「祭司舉行了他例行的一切儀式。他將孩子抱在手裡，在祭壇前舉了一下。禮畢，把孩子遞還母親，便將名字『耶穌』登記在頭生子的冊子上。」（《歷代願望》，原文52頁）

耶穌在祝福孩子的時候所說的話，進一步示範了這種作法：「讓小孩子到我這裡來，不要禁止他們，因為在天國的，正是這樣的人。」（可10：14）「（祂）於是抱著小孩子給他們按手，為他們祝福。」（可10：16）「但願現今福音的傳道人將孩子們抱在自己的懷裡，奉耶穌的名為他們祝福。要向孩子們說出最溫柔慈愛的話來，因為耶穌曾把羊群中的小羊羔抱到自己的懷裡，並為他們祝福。」（《佈道論》，原文349-350頁）

這個禮節強調感謝上帝賜予孩子誕生的奇蹟，使父母立約在基督的愛中養育這個孩子，委託會眾為父母盡責任提供支持、奉獻孩子事奉上帝。

計劃兒童奉獻禮

地點——在有些國家裡，兒童奉獻禮是在家中或其它地點

舉行的。然而在大多數情況下，最理想的兒童奉獻禮是作為安息日上午崇拜聚會的一部分。由於這項奉獻的目的之一是要委託會眾支持，所以要在會眾聚集最多的時候舉行。

時間安排——要安排兒童奉獻禮的日子並預先通知，讓父母有充分的時間作準備。但在更多的情況下，奉獻禮大致安排在該家庭所要求的日子。根據此禮節的性質，可能邀請非信徒的家人和朋友來見證這個禮節。要介紹這些來賓，並予以特別的歡迎，有時一些非信徒受到感動，也會想要給他們的孩子行奉獻禮。由於這樣的要求，或許透過這樣的禮節，他們可能與會眾建立了友誼。正如《聖經》所說：「小孩子要牽引他們。」（賽11:6）

獻身證書——為了紀念這個禮節，要預先準備好兒童奉獻證書，在舉行禮節時交給父母。證書可從復臨書刊中心購得。

年齡——嬰孩在幼小的時候，只要父母願意，就可以奉獻給主。超過一、二歲的孩子很少參加奉獻禮的，但關於兒童的奉獻，並沒有年齡的限制。

舉行兒童奉獻禮

兒童奉獻禮建議包括以下幾個部分：

邀請——邀請父母抱著要奉獻的孩子走到會眾前面。有時還可以由家庭的其他成員和朋友陪伴，視場地的大小和參與奉

獻孩子的多少而定。當這些家庭往會眾面前走去時，會眾要唱一首合適的讚美詩。但要記住這個禮節的時間要短，以防止孩子的急噪不安和哭鬧。

證道──簡短的證道應強調父母的立約以及會眾的承諾，保證「要照著主的教訓和警戒」（弗6：4）養育孩子。可選用下列經文：

申6：4–7	「要殷勤教訓你的兒女。」
詩127：3–5	「兒女是耶和華所賜的產業。」
箴22：6	「教導孩童，使他走當行的道。」
賽8：18	「看哪，我與耶和華所給我的兒女」。
太18：2–6，10	「你們要小心，不可輕看這小子裡的一個。」
太19：13–15	「那時，有人帶著小孩子來見耶穌，要耶穌給他們按手禱告。」
可10：13–16	「讓小孩子到我這裡來，不要禁止他們。」
路2：22–38	「他們帶著孩子（耶穌）上耶路撒冷去。」
路18：15–17	「有人抱著自己的嬰孩來見耶穌。」

可採用以下的承諾結束牧者的證道：

「你們帶這孩子來奉獻，是接受了一個神聖的責任。藉著這個象徵性的禮節，表示你們相信這個孩子不僅是屬你們的，也是屬上帝的。參與你們這孩子奉獻禮的會眾，也要幫助你們努力，期盼將來有一天接續這次奉獻禮，讓孩子領受浸禮，完全成為教會家庭中的一員。所以你們作父母的要承諾盡自己的努力，按主的方式和教訓撫育這個孩子。你們願意這樣與上帝立約嗎？」

禱告——在奉獻禱告之時，若是只有一個孩子獻上，牧師可能要抱著孩子。但有些孩子不願讓陌生人抱，在奉獻時最好由父母抱著，牧師按手在孩子頭上。若是參加奉獻禮的孩子較多，牧師和協助禮節的長老就要按手在孩子們的頭上。奉獻禮要充滿個別關懷的氣氛，在禱告時提到孩子的名字，會增強父母們所重視的個別關懷的感覺。

獻身證書——獻身證書在禱告之後分發給父母們。同時長老們表達對孩子及其家庭的關愛和支持，孩子的安息日學部老師也可參與這種表達。

牧师手册
Minister's Handbook

第 **34** 章

抹油和趕鬼

ANOINTING AND DELIVERANCE

在《聖經》裡，抹油和其它物質的使用是有許多不同功能和作用，比如國王的加冕、祭司和先知的任命。

現在教會裡實行的抹油，是屬於為病人禱告的行動，但它原先的意義有時卻遭到曲解和遺忘。在早期教會裡，抹油是與祈禱結合在一起的，是聖靈醫治大能的祝福象徵，也是一種舒適的治療方法。雅各教導說：「你們中間有病了的呢，他就該請教會的長老來，他們可以奉主的名用油抹他，為他禱告。出於信心的祈禱要救那病人，主必叫他起來；他若犯了罪，也必蒙赦免。」（雅5:14–15）

抹油不僅針對病患，也與赦罪有關。這是嚴肅反思、委身上帝旨意的時刻，藉著信心的祈禱，求主賜下恢復的能力和恩典。抹油不是留給垂死者的最後儀式，抹油本身也沒有神奇的能力。雅各和早期教會充分意識到他們是憑信心把自己交在上帝手中，相信祂的旨意會成全在他們的生命之中，教會從這個意義上繼承了這個神聖的儀式。

復臨教會的早期領袖經常使用抹油的禮節。懷愛倫和她的家人曾因不同的病症而多次被抹油，這是一種慣例，而不是特殊的行動。抹油不是祝福垂死之人的最後儀式，而是醫治活著之人的信心之舉。它承認各種健康問題，藉著信靠上帝來應付這些問題。

抹油禮的準備

要求抹油──病人應該「請教會的長老來」。抹油通常是出於病人個人的要求，但有時人因病重無法提出要求，在這種情況下，可由家人或朋友提出要求。這種要求一般由教會的成員提出，但有時其他人也可以申請這個禮節。牧師無需判斷個人和申請的資格，只需按《聖經》的教導為病人禱告。抹油禮具有強烈的私密性，只針對個人的特殊需要和要求。不需要大批觀眾，也不作為醫療手段。按雅各書所說，抹油和禱告的目的，不是為了吸引大批觀眾，否則就是對真理的曲解。

主持──抹油通常由牧師主持，由長老協助和參與禱告。牧師無法出席時，教會長老可以主持抹油禮，但儘可能獲得牧師的認可。主持抹油禮的人必須嚴肅地委身基督，堅信上帝的醫治，並為這個禮節預備他們的心。

地點──抹油禮可以在教會、家庭、醫院、療養院，或任何有需要的地方舉行。如果在醫院舉行，要注意避免妨礙醫護人員。禮節時間的長短和方式，應根據舉行的地點和病人的情形而定。

參與的人──除了牧師和長老以外，領受抹油的人可能希望邀請朋友和家人。在場的人一般都是基督徒，但非基督徒也希望在場時，則無需請他們離開。

領受的人──接受抹油的人可能不希望暴露自己疾病的詳情，這種隱私應當尊重。要鼓勵病人在抹油之前省察自己的人生，把握上帝的慈愛、恩惠和赦免。在為這個禮節作準備時，建議閱讀《論健康佈道》(舊名《服務真詮》)中的第16章〈為病人祈禱〉將有極大助益。

在病人面前謹慎談論病情是智慧之舉，特別是以為病人失去意識，聽不見談話的時候。他們雖然沒有認知的跡象，仍可能明白房間裡他人所說的話。

抹油禮的程序

開始的致詞──主持人開始時應解釋抹油的宗旨和進行方式。領受者可能希望講述要求抹油的原因，見證自己對上帝的信心。所讀經文應當肯定──

・**上帝能夠、並且願意醫治。**

・**承認罪過並得到赦免。**

・**上帝並選擇藉著祂託付有醫治恩賜的人實行治療。**

・**對於相信的人，醫治的禱告總會得到應允，無論是立即應允，或者要過一段時期，或者是在基督復臨萬物最後復興的時候，但最終一定會得到應允。**

讀經——抹油之前，要確認選讀的經文，如：

雅5：14–16	「他們可以奉主的名用油抹他，為他禱告。」
詩103：1-5	「(祂) 醫治你的一切疾病。」
詩107：19–20	「於是他們在苦難中哀求耶和華。」
可16：15–20	「(他們) 手按病人，病人就必好了。」

抹油禱告——雖然在許多時候跪下禱告比較合宜，但在醫院裡跪下會有所不便。若是領受人希望禱告，就讓他們先禱告，小組中其他指定的人接著禱告，最後是牧師或長老禱告。禱告以後，把油抹在領受人的額頭，象徵聖靈以明確而特別的方式降臨。抹油禮所用的，通常是橄欖油，但也不是硬性規定。油只抹於頭部，而不是身體的病患處。

趕鬼

雅各書中的抹油禮主要針對身體的疾病和赦罪，但《聖經》中還有一種行動是針對被魔鬼附身的。「我們並不是與屬血氣的爭戰，乃是與那些執政的、掌權的、管轄這幽暗世界的，以及天空屬靈氣的惡魔爭戰。」（弗6：12–13）這種鬥爭的表現在各地是不一樣的。有時魔鬼的勢力非常明顯。

自以為了解這種勢力的表現形式和對付它辦法的人，有時嚴重忽略了一件事實——那就是它的表現是極其多樣化的。基

督和早期教會在傳道工作中就曾經遭遇過。耶穌開始在迦百農會堂傳道的時候，曾遇到一個被污鬼所附的人，稱祂為「上帝的聖者」（可1：24）。祂只是命令魔鬼「不要作聲，從這人身上出來」（25節），那人就得到了醫治。那天晚上，「有人帶著一切害病的和被鬼附的，來到耶穌跟前。……耶穌治好了許多害各樣病的人，又趕出許多鬼。」（32-34節）

那在格拉森被鬼所附的人，據他所說，是受一個名叫「群」的鬼所控制（可5：1-20）。路加說到主曾趕出過一個「叫人啞巴的鬼」（路11：14），在所有這些情況中，都重複了同樣的方法，耶穌只是命令他們出來，他們就順從了祂的話。門徒們依靠這種能力繼續同樣的工作。「耶穌叫齊了十二個門徒，給他們能力、權柄，制伏一切的鬼，醫治各樣的病。」（路9：1）「基督後來派出去的七十個人，像十二位使徒一樣，領受了超自然的能力，作為他們使命的印證。在他們的工作完成之後，他們歡歡喜喜地回來說：『主啊，因祢的名，就是鬼也服了我們。』（路10：17）」（《論健康佈道》，原文94頁，舊名《服務真詮》）

這項事工在早期教會奉耶穌的名繼續進行。新信徒「帶著病人和被污鬼纏磨的，從耶路撒冷四圍的城邑來，全都得了醫治」（徒5：16），隨著腓利的傳道，「那些鬼大聲呼叫，從他們身上出來」（徒8：7）。現今所表現的魔鬼附身，依然需要用直率的命令對付：奉耶穌的名出來！（關於魔鬼附身，詳見《本會聖經註釋》卷五，原文575頁。）

第 35 章

喪禮

FUNERALS

死亡完全違背賜生命的創造之主的本性，它是一切善良的最終仇敵，也是破壞伊甸園的完美，並將罪傳給全人類的入侵者。因為死亡不合時宜的闖入，摧毀了人生的一切快樂和計劃，所以我們需要立即關注它。然而面對這個最艱難最嚴肅的傳道責任時，仍要藉此機會讓會眾懷念所愛的人，安慰喪失親人的人，並向他們指出最後的仇敵——死亡消滅時，就是家人團聚的喜樂日子（林前15:26）。

傳統和文化

為喪家服務時，要尊重有關死亡的傳統與文化，但不要違背基督教的原則和《聖經》中有關死亡的教訓。教會在處理喪事的時候形成了一些慣例和程序，也需要得到尊重和遵守。有人會送些食物給喪家；有人在喪禮後會在教會裡提供餐食。有人願意在教會內舉行喪禮；有人則較願意在殯儀館舉行。有人安排瞻仰遺容時有家人在旁，或在喪禮的開始，或在喪禮的結束，但也有些人不願意安排來賓瞻仰遺容。牧者要了解會眾傳統喪事之差異。由於各種文化和會眾之間的差別很大，這裡只提供基本指南，需要根據當地情形進行調整。

喪禮之前

探視遺屬——要立即去探視遺屬，用安慰的話、經文和祈禱鼓勵他們，但不要進行神學討論。哀傷的人可能記不住牧師在他們遭到打擊時對他們所說的話，但會記住他們到場的支持所表現的關懷。

提供教會的幫助——要特別建議教會所能給予的幫助，比如通知親友、接電話或開門、安排照顧孩子、提供食物、打掃房屋為來賓作準備。

提供牧者的幫助——很少有人擔負過策劃喪禮的責任。面對突如其來的死亡，喪家很難想清楚喪禮的選擇和細節。如果死亡成為他們必須面對的經歷，也許可以提早給予他們一些想法，並且在這種情況下，仍需要溫柔地幫助和指導他們。

喪禮主持人的選擇通常會倚重以前服務過這個家庭的牧師，特別是現任牧師在教會裡服務時間尚短的情況下。如果喪家選擇別人來主持喪禮，不要認為是對牧師個人的冒犯。他們需要的協助可能是籌備和安排、接觸應邀擔任護靈工作的人、提供音樂、在旁協助牧師進行禮拜。若是擔任另一個教會的嘉賓牧師，那就要記住與當地牧師密切合作的重要性，同時鼓勵喪家也邀請這位牧師參加喪禮。

主持喪禮——主持喪禮是不需要特許的。在牧師無法出席的情況下，可由長老主持。喪家的朋友或成員可應邀協助牧者發布訃告、讀經、禱告或寫悼詞等。一般說來，處置遺體的殯葬社會關照正確下葬的細節，以及合法下葬所需要的法律文書。基督復臨安息日會的傳道人不收取主持喪禮的費用，但接受差旅補貼仍屬合理。

瞻仰遺容——瞻仰遺容需要尊重當地文化。在有些文化背景下，家人和朋友會應邀去殯儀館瞻仰遺容，有些家庭則會把遺體留在家裡，進行守靈。另一些人則晚上圍著棺木舉行禮拜，直到下葬之日。喪家不論用什麼方式瞻仰遺容，都有一個目的，就是先正視死亡，再開始恢復的過程。

在喪禮時可以擺放遺體供眾人進來時致意，然後封閉棺木。喪禮注重於盼望和保證，不因最後瞻仰而沮喪。有些文化和會眾則是在禮拜結束、封閉棺木、前往墓地之前瞻仰遺容。

典型的喪禮

主持喪禮——有時喪家選擇在殯儀館舉辦喪事，由喪葬承辦人負責殯葬的安排，牧師則負責葬禮的宗教部分，整個葬禮由牧師和喪葬承辦人合作主持。要迅速籌劃好喪禮的程序，拖延和優柔寡斷會增加已是困難環境下的緊張情緒。

為遺屬服務——遺屬在殯儀館就座之前，通常會被帶到旁邊的一個房間裡預備。幾句鼓勵的話，禱告和群眾的支持，有助於喪家去面對喪禮的最後程序。這樣的服務還能減輕喪家的悲傷反應。

喪禮程序——喪禮的程序應簡單明瞭。下面所建議的程序，可以視情況改變或擴充：

• **家屬就座**：*出席者進場就座。*

- **讀經和禱告**：讀經可從下頁所列之經文中挑選，幾段經文一起讀也可以。禱告應包括：感謝上帝曾將生命賜給死者，安慰傷心的人，以及藉著基督而得的永生盼望。主領禱告的人一般站著，聽眾則仍然坐著。

- **唱安慰的詩歌**：會眾唱詩若有嘉賓樂師的伴奏則更好，因為在這樣的環境中，情緒的波動往往影響唱詩的效果。

- **悼詞和訃告**：悼詞和訃告是要對逝者的生平表示褒獎，可由一人宣讀，也可由兩人宣讀。悼詞應較長，回顧和表揚逝者的生平。訃告則簡要說明逝者生卒日期、家人名單和生平的一些重大事件。在這樣的宣讀中，回憶起一點歡樂甚至幽默，有助於減緩這個場合的緊張情緒。

- **見證**：有人認為出席喪禮的人發表或聽取見證令人感到欣慰。見證在有些情況下雖有益處，但這些回憶有可能過於冗長或情緒化，或不適當的個人見證。

- **證道**：喪禮的證道要正視死亡的現實和復活的盼望，表揚逝者的貢獻，以及他的逝世對於家庭、社會和上帝的損失。證道結束時選用的詩歌要合適。證道的人要注意掌握講章的長短，是否與喪禮的其它程序相配合。

- **唱安慰的詩歌**：如上所示。

儀式進行到這裡，若是家屬有瞻仰儀容的要求，牧師通常就走到棺木的前端，留在那裡，直到會眾和家屬都瞻仰過了。然後牧者引導護靈人抬著棺木放上靈車，前往墓地。牧師可以選擇乘坐靈車或隨車緊跟在後面，直至墓地。

經文——以下經文可用於證道或讀經：

伯14:1–2，14–15	「祢呼叫，我便回答。」
詩23	「我雖然行過死蔭的幽谷，也不怕遭害，因為祢與我同在。」
詩27	「要等候耶和華！當壯膽，堅固你的心。」
詩46	「上帝是我們的避難所，是我們的力量，是我們在患難中隨時的幫助。」
詩90	「主啊，祢世世代代作我們的居所。」
詩91:1–2，11–12	「我要論到耶和華說：『祂是我的避難所，是我的山寨，是我的上帝，是我所倚靠的。」
詩121	「我的幫助從造天地的耶和華而來。」

賽33:15–17，24	「城內居民必不說：『我病了。』」
賽35:3–10	「……憂愁嘆息盡都逃避。」
賽40:28–31	「但那等候耶和華的，必重新得力。」
賽43:1–2	「你從水中經過，我必與你同在。」
約14:1–6	「就必再來接你們到我那裡去。」
羅8:14–39	「萬事都互相效力，叫愛上帝的人得益處。」
林前2:9–10	「眼睛未曾看見，耳朵未曾聽見。」
林前15:20–26	「儘末了所毀滅的仇敵就是死。」
林前15:51–55	「必朽壞的變成不朽壞的」。
腓3:20–21	「我們卻是天上的國民。」
帖前4:13–18	「恐怕你們憂傷，像那些沒有指望的人一樣。」
帖前5:1–11	「叫我們無論醒著睡著，都與祂同活。」
來4:14–16	「因我們的大祭司並非不能體恤我們的軟弱。」

彼後3:8-14	「不願有一人沉淪，乃願人人都悔改。」
啟7:15-17	「他們不再飢，不再渴。」
啟14:13	「在主裡面而死的人有福了。」
啟21:1-4	「上帝要擦去他們一切的眼淚。」
啟22:1-5	「也要見祂的面。」

• 兒童的喪禮：

| 撒下12:16-23 | 大衛的悲傷。 |
| 可10:13-16 | 祂「抱著小孩子。」 |

• 青年的喪禮：

傳11:6-10	「少年人哪，你在幼年時當快樂。」
傳12	「你趁著年幼，……當記念造你的主。」
路7:11-15	拿因城寡婦之子。「少年人，我吩咐你起來！」

- **敬虔女子的喪禮：**

  箴31:10-31　　「才德的婦人誰能得著呢？她的價值遠勝過珍珠。」

  太26:10-13　　「無論在什麼地方傳這福音，也要述說這女人所行的。」

  徒9:36-42　　「她（多加）廣行善事。」

- **長者喪禮：**

  創15:15　　「你要享大壽數，……被人埋葬。」

  太11:28　　「我就使你們得安息。」

  提後4:6-8　　「當跑的路我已經跑盡了，所信的道我已經守住了。」

墓旁禮拜

　　帶領棺木到墳墓時，引導的人要記住盡量避免踐踏其它墳墓。在墓旁，主領人按慣例站在靠近逝者頭部的位置，面朝逝者家人。墓旁音樂的使用要依照當地的習慣和家人的願望來確定，但音樂往往會延長簡短禮拜的時間。如果墓旁禮拜有軍人或其他組織參加，就要求與他們協調與合作。如果天氣不佳，墓地禮拜的簡短就更顯重要。

非正式的下葬詞——簡短而非正式的下葬詞包括讀經和禱告。帖前4：13-18和林前15：51-55比較合適。接著的禱告表達對復活的盼望和信心。

正式的下葬詞——若是使用正式的下葬詞，要安排在讀經和禱告之間。各地下葬的風俗習慣是不一樣的。有些地方，牧師在宣讀下葬詞時，要撒一把泥土或花瓣在棺木上。但也有人認為，這是過於直白地提示人的脆弱，不宜說得那麼具體。

基督徒的下葬詞——「上帝本著祂的慈愛和智慧，讓我們親愛的 ___弟兄或姊妹的名字___ 在基督裡安睡了，我們輕輕地將他（她）的軀體交給塵土，並堅定地盼望當我們的主在榮耀裡再來的時候，他（她）必歡樂地復活。那時，祂要按著那能叫萬有歸服自己的大能，將我們這卑賤的身體改變形狀，和祂自己榮耀的身體相似。」

未確知是否基督徒的下葬詞——「上帝本著祂的仁慈和祂旨意的安排，讓我們的朋友 ___弟兄或姊妹的名字___ 放下了今生的重擔。我們在愛中將他（她）的軀體交給塵土。我們要記得：人生的一切難題，全在慈愛憐憫而永在之父的掌握中。祂應許凡愛祂的人都得永生。」

葬禮之後——在禱告和禮拜結束之後，要簡短地問候喪家。牧師要留到在場的人都離開基地。

喪禮前安葬——有時在舉行喪禮之前就已安葬，在這種情況下可以為先家人舉行一個私人禮拜。家屬從墓地到教會參加公開聚會。在這種情況下，禮拜應該強調對生命的慶賀，而不過度聚焦對死的哀悼。

火化——在許多情況下，火化是一種合適的方法。復臨信徒在神學上並不反對火化。我們相信上帝在使人復活時，和祂在創造時一樣，並不使用已經存在的物質。當地的文化和家人的情感可能影響這種方式的接受。

為傷心的人服務

要關懷——喪禮之後喪家依然會因失去親人而傷心，要安排繼續探訪。隨著眼前的喪禮結束和客人離去之後，孤獨會伴之而來。幫助喪家是從喪事開始的，要延續好幾個月。教會要提供支持，對喪家進行後續的服務。

要耐心——傷心是會持續的。失眠、焦慮、恐懼、憤怒、專注於悲痛的意念可能會延續一年多時間。要喪家迅速振作這種不合實際的期望，只會使他們感到憂慮和愧疚，使哀慟的過程更為艱難。有些人會抱怨上帝，若遇到這種情況，要仁慈對待，不要指責他們違背信仰和喪失信心。

要傾聽——交談和分享是一種發洩情緒、進行治療的有效方法。喪家通常喜歡談論他們失去的親人，這就帶來珍貴重要

的回憶。但從某種意義上說，人們必須告別過去，才能享受現在並展望將來。要善於辨別情緒壓抑的行為表現，如拒絕談論死亡或不願與死者個人的物件分別。

鼓勵參加活動──要鼓勵喪家儘早參與正常活動，這也可造福他人。鼓勵他們積極參加悲傷支援小組，可能有所幫助。

第 **36** 章

開堂禮、獻堂禮 和動土禮

CHURCH OPENING, DEDICATION,
AND GROUNDBREAKING

教會生活中最興奮的日子之一，就是新禮拜堂的落成。開堂禮乃是會眾第一次進入新教堂，邀請上帝在新教堂裡執掌最高的權力，享受他們快樂而神聖的特權。因本會的傳統和方針要求，新教堂只能在債務還清以後才可舉行獻堂禮。

鑑於建造或購買新教堂通常涉及長期債務的經濟現實，在開放新禮拜堂的熱情和到償清債務再舉行獻堂禮的等待之間，存在一些緊張和困難。因此，新設施的奉獻和剪彩儀式在此情況下就能顯現其作用。而獻堂禮和抵押單據的焚燒則是慶祝它有了擺脫債務的主權。

在開堂禮或獻堂禮中，來賓的邀請是十分重要的部分。要邀請原來的工程負責人、贊助者、區會的職員，以及前任的牧師出席。另外，也可邀請城市的行政首長和社區的牧師前來參加儀式。

禮拜程序

開堂禮和獻堂禮的程序大致相同，但也有些區別：

- **開始唱詩**
- **禱告**
- **介紹資深教友、來賓和贊助者**
- **介紹教會歷史**
- **讀經**

- 唱特別詩

- 證道

- 進行獻堂或開堂的活動

- 獻堂或開堂祈禱

- 唱詩

- 祝福

　　介紹教會歷史——教會的簡史最好由教會資深成員或長期支持教會的人士來介紹。要對教會發起人和終生教友，以及前任牧師表示尊重和敬意，對建造新教堂最直接相關的人士表示感謝。介紹教會歷史的高潮，應是宣布未來服務社區的計劃與活動。教會不可只回顧過去，而不籌劃將來。

　　讀經——相關的經文可選用代下6：14–42或王上8：23–53所羅門獻殿的禱告。其它適用於這些場合的經文包括：

出40:33–35	「耶和華的榮光就充滿了帳幕。」
尼12:27	「歡歡喜喜地行告成之禮。」
詩84	「祢的居所何等可愛！」
詩100	「當稱謝進入祂的門。」
詩122	「人對我說：『我們往耶和華的殿去。』 我就歡喜。」

獻堂證道——上述任何一段經文，都可以擴展為獻堂講章。要特別提到教會不只是一個建築物，而是由一班人組成的團體。會眾來到這裡是為奉獻自己事奉上帝，而不只是奉獻教堂。

獻堂的活動——焚燒抵押的單據是象徵教會擺脫了債務。這是一個高潮性的行動，尤其是教會負了一段時期的債務，最後作出重大犧牲才擺脫了債務。許多教會團體發現在焚燒借據的同時，很適合唱《讚美詩》。在獻堂祈禱之前，會眾可以在使用一段較長的啟應詞。下面所提供的啟應詞範本可以視當地情況全部採用或部分選用。

獻堂祈禱——獻堂的祈禱可參照歷代志下第六章中所羅門的獻殿禱告。這個禱告要仔細籌劃和準備，應包括：

- 感謝上帝將資源和建堂的願望賜給祂的子民。
- 承認罪過，懇求聖靈沛降於會眾。
- 求主引導教會的工作，在這裡建設上帝的國。
- 求主賜福出席者和來賓。

禱告應包括特別的獻堂辭，比如：

「上帝啊！

我們現在將這座聖殿奉獻給祢——

做為這個社區的光，

做為萬民禱告的殿。

為敬拜上帝，

為使罪人悔改，

為宣講基督和祂的道，

為上帝家中的成員彼此相交，

為拯救我們的兒女，

為做上帝的居所，

我們奉聖父、聖子、聖靈的名，將這座聖堂獻上。

阿們！」

啟應詞

讓他們建造聖所

起初上帝創造天地。耶和華上帝在東方的伊甸立了一個園子，把所造的人安置在那裡。

耶和華上帝使各樣的樹從地裡長出來，可以悅人的眼目，其上的果子好作食物。

園子當中又有生命樹和分別善惡的樹。

女人見那棵樹的果子好作食物，也悅人的眼目，且是可喜愛的，能使人有智慧，就摘下果子來吃了。又給她丈夫，她丈夫也吃了。

耶和華上帝便打發他出伊甸園去,耕種他所自出之土。

罪是從一人入了世界,死又是從罪來的,於是死就臨到眾人,因為眾人都犯了罪。

你們的罪孽使你們與上帝隔絕,你們的罪惡使祂掩面不聽你們。

又當為我造聖所,使我可以住在他們中間。

若不是耶和華建造房屋,建造的人就枉然勞力。

唱詩376首〈萬物屬祢〉(英文版《讚美詩》,編按:以下所選歌曲範例僅供參考,各教會可依需要自行選曲。)

> 萬物屬祢,一切禮物之主
> 我們沒有任何禮物,
> 奉獻給祢;
> 所以今日懷著感恩之心,
> 把屬於祢的擺在祢的腳前。
>
> 祢的旨意在建造者的心中;
> 祢看不見的手在我們中間運作;
> 雖然是由人來策動、籌措和計劃,
> 祢智慧永恆的旨意在運行。

祢完全的豐滿一無所缺；

因為人的需要和願望增長了

這個禱告之殿，

這個安息之家。

願祢的聖徒經常在這裡得到祝福。……

父啊！屈尊祝福這些牆垣；

使之成為公義的居所，

讓這些門成為

引我們從自己走向祢的門戶。

讓他們建立團契

主乃活石。固然是被人所棄的，卻是被上帝所揀選所寶貴的。你們來到主面前，也就像活石，被建造成為靈宮。惟有你們是被揀選的族類，是有君尊的祭司，是聖潔的國度，是屬上帝的子民，要叫你們宣揚那召你們出黑暗入奇妙光明者的美德。

你們從前算不得子民，現在卻作了上帝的子民。從前未曾蒙憐恤，現在卻蒙了憐恤。

你們既然接受了主基督耶穌，就當遵祂而行。

在祂裡面生根建造，信心堅固，正如你們所領的教訓，感謝的心也更增長了。

唱詩229首〈教會基礎〉（新版中文《讚美詩》）

教會有一個基礎，就是基督耶穌；

祂用水和祂的話，重生一切信徒；

耶穌從天來救她，稱她聖潔新婦；

用自己寶血取贖，經過死亡路途。

雖從各處蒙選召，信徒卻成一體；

教會救恩的憑證，一主、一信、一洗；

同領我主的聖餐，同稱聖善名號，

同懷一樣的盼望，儆醒等候禱告。

讓他們建造品格

（把孩子們請到前面，在這段啟應詞之後唱詩）

你們聽見有話說，以眼還眼，以牙還牙。只是我告訴你們，不要與惡人作對。有人打你的右臉，連左臉也轉過來由他打。

有人想要告你，要拿你的裡衣，連外衣也由他拿去。

有人強逼你走一哩路，你就同他走二哩。

有求你的，就給他。有向你借貸的，不可推辭。

你們聽見有話說，當愛你的鄰舍，恨你的仇敵。只是我告

訴你們，要愛你們的仇敵。為那逼迫你們的禱告。這樣，就可以作你們天父的兒子。

因為祂叫日頭照好人，也照歹人，降雨給義人，也給不義的人。

所以凡聽見我這話就去行的，好比一個聰明人，把房子蓋在磐石上。

雨淋，水沖，風吹，撞著那房子，房子總不倒塌。因為根基立在磐石上。

凡聽見我這話不去行的，好比一個無知的人，把房子蓋在沙土上。

雨淋，水沖，風吹，撞著那房子，房子就倒塌了。並且倒塌得很大。

孩子唱詩〈聰明人，把房子蓋在磐石上〉

> 聰明人把房子蓋起來，（重複三次）
> 　　蓋在堅固磐石上。

> 雨水下來，河水上漲，（重複三次）
> 　　他的房子不會倒。

> 愚笨人把房子蓋起來，（重複三次）
> 　　蓋在鬆軟沙土上。

雨水下來，河水上漲，（重複三次）

他的房子倒塌了。（孩子們返回座位）

唱詩531首〈我們要建造在磐石上〉（英文版《讚美詩》）

我們要建造在磐石上，永生的磐石，

就是萬古磐石耶穌；

所以我們經得起可怕的震撼，在風暴呼嘯之時。

副歌：

我們要建造在磐石上，我們要建造在磐石上，

我們要建造在磐石上，在堅固的磐石上，

就是強大的磐石基督。

有人建造在人生的流沙上，建造在屬世財富的幻像上；

有人建造在罪惡和紛爭的波浪上，

在虛名和屬世娛樂的波浪上。

要建造在永遠可靠的磐石上，這是堅實可靠的基礎；

其盼望是恆久的盼望，就是我們得救的盼望。

如今我把你們交託上帝，和祂恩惠的道。

這道能建立你們，叫你們和一切成聖的人同得基業。

開堂禮或獻堂禮小冊

一本開堂禮或獻堂禮的小冊能成為信徒們珍藏的紀念品，可以包括下列內容：

- 獻堂禮的程序。
- 從動土至完工過程的照片。
- 獻堂禮所用的啟應詞。
- 現任和前任牧師名單。倘若可能，附上他們的照片和服務時期。
- 到場的區會代表名單。
- 教會簡史，附舊堂照片。
- 建築師、建築商和建堂委員會名單。
- 建堂的重要數據——動土、開工、完工的日期；成本、座位數，各層平面圖（註明每個房間的位置和用途）。

動土禮

動土禮要鼓勵會眾參加；同心支持建築計畫會激發起熱情，特別是教會一直在為建造而計劃、祈禱和準備的情況下。

確定時間——動土禮不純粹是宗教禮節，不宜在安息日舉行。由於這個活動是在戶外舉行的，天氣和能見度等因素均要考慮，為了讓大多數人都能參加，需要認真選定日子和時間。

邀請來賓——要邀請區會代表、當地政府首長和社區領導者參加。要通知新聞媒體，鼓勵他們報導此事。

預備場地——場地應當清理，或許需要搭一個台，安裝音響設備。若是聚會時間較長，則需預備座椅。要展示建築圖，

建築物的模型能幫助人們見到它完工後的全貌。

假如動土需要鐵鏟，就要多準備幾把，或者用鏟土機，將地上的第一批泥土翻轉。還有一個方法就是預備一把犁，繫上一根長繩，讓會眾一同拖著犁穿土而行，象徵會眾協力進行建築工程。可沿著新建築物的界線開出一條犁溝來，這樣，在動土禮完畢之後，建築的地址就很容易看出大概的位置。

禮節程序

唱詩由於戶外歌唱的難處，這個環節可以省略，特別在人數不多的時候。

- **禱告** 在可能的情況下，邀請來賓禱告。
- **讀經** 前面所列的經文和啟應詞適用於這個禮節。
- **致詞** 可以邀請嘉賓們致詞，並報告教會的歷史、建造的原因、未來的計劃。
- **動土儀式** 初次動土儀式的參與者通常包括牧師、首席長老、建築委員會主席，以及區會和社區的代表。假如建造的是一所學校，要包括校董會的主席、校長、教師和學生。
- **祝福**

奠基禮

奠基禮與動土禮相似，在建築工程開始之後舉行，要特別

安放一塊石頭，作為根基的一部分。這種禮節可以仿照動土禮的一般程序。建議的經文包括：拉3：10–11；6：14；太21：42；徒4：11；林前3：9–11；彼前2：4–8。

牧师手册
Minister's Handbook

第 **37** 章

新屋祝福禮

HOUSE BLESSING

新屋祝福禮要視各地的文化和各個家庭的意願而定，總會對這類禮節並沒有固有的傳統規定。有些家庭在建造、購買、租住或付清房款時會要求舉行這樣的儀式。典型的祝福禮是在房屋落成、家人入住後舉行。這樣的儀式可提供機會去邀請鄰居和朋友參加，使這個家庭在鄰里間成為基督徒的見證。

新屋祝福禮和獻堂禮是有區別的。住宅可以用於家人和鄰舍的屬靈活動，但教堂是專為敬拜上帝之用。因此，住宅可以接受祝福，但教堂卻是要拿去奉獻的。新屋祝福禮是要將住宅分別出來，培養其中家人的愛心、團結和屬靈的成長，並向鄰里見證耶穌拯救的大愛。

何人主持

主持新屋祝福禮的人無需證書或執照。長老可以執行這項儀式，但也應通知牧師，並與他合作。

儀式程序

來賓一般聚集在大客廳裡。由於人數較多，房間可能十分擁擠，一些人可能坐著，還有一些人就可能站著，所以儀式要短，不宜超過三十分鐘。以下是建議的程序：

·**會眾唱詩**	視當時的情形決定。合適的唱詩包括新版中文《讚美詩》，285首〈樂哉家庭〉和284首〈家中若有愛〉。

- **開場禱告**　這第一個禱告是為了求上帝臨格這個家庭。由於這個儀式共有三個禱告，開場和結束的禱告必須簡短，不要與「祝福禱告」重複。

- **介紹房屋簡史**　由家中的一位成員，可能是屋主來講述。簡單回顧這所房屋成為新家的經過。

- **講道**　以讀經開始，講述《聖經》中關於按照上帝的計劃和律法、建設家庭、住宅和社區的題目，強調需要互相依賴、互相支持。建議採用下頁建議的經文。

- **祝福禱告**　家人可以在房間當中站著或跪下，與周圍的來賓手牽著手。主領人祈求上帝祝福和保護房屋、家庭、鄰居和社區。

- **特別詩**　在有伴奏的情況下，可以唱〈祝福家庭〉這首詩歌。

·結束禱告	這個禱告應當簡短，不要與「祝福禱告」重複。可以使用一段《聖經》的祝福詞，例如:「願耶和華賜福給你，保護你。願耶和華使祂的臉光照你，賜恩給你。願耶和華向你仰臉，賜你平安。」（民6:24–26）
·參觀房屋	結束後，主人可邀請客人參觀，並提供點心。

建議經文

創24:67	「家庭是一個可以找到愛和安慰的地方。」
撒下23:15	「家庭是使人振作的寶貴地方。」
詩127	「耶和華建造房屋；祂賜福這屋以及兒女。」
賽65:21–24	「他們要建造房屋，自己居住。」
彌4:4	「人人都要坐在自己葡萄樹下。」
路10:38–42	「家庭是工作和敬拜的地方。」

建議啟應詞

主領人：永生的上帝，因這個家庭參與祢的聖工、增添祢的尊榮和榮耀。

會眾： 主啊！我們感謝祢。

主領人：無論什麼時候，有兩三個人奉祢的名聚會，祢必在他們中間。

會眾： 主啊！我們感謝祢。

主領人：藉著我們的救主耶穌基督，使我們成為祢的兒女，

會眾： 主啊！我們感謝祢。

主領人：祢賜給我們家庭可以彼此相愛，

會眾： 主啊！我們感謝祢。

主領人：因祢提供了住所、糧食和朋友，

會眾： 主啊！我們感謝祢。

主領人：祢應許與我們平安同居。

會眾： 主啊！我們感謝祢。

主領人：天上地上所有的一切都是屬於祢的。

全體： 我們願意高舉祢的聖名於萬有之上。阿們。

另一種啟應詞——也可以用書面啟應的方式，要求這個家庭回答以下的問題，作出保證：

• 你們是否保證使這個房子成為禱告、進行靈修的地方呢？

・你們是否保證使這個房子成為家庭仁愛和團結的地方
 呢？

・你們是否保證使這個房子成為社會之光？

第 **38** 章

牧師就職

PASTORAL INSTALLATION

　　牧師的調動是傳道工作的重要部分。牧師的任期平均三至六年，有些短至一、二年，很少有超過十年或十五年的。這是傳道工作和教會生活中必然會發生的事。在軍隊、政界、娛樂業，職業運動和其它許多行業裡，職務和領導的調動也是司空見慣的。

　　這樣的調動對於牧師的家庭既是機遇，也會帶來困難。一般說來，調往新的地方會造成精神、身體和經濟方面的緊張。鑑於這一事實，區會和地方教會都有責任妥善處置，緩解牧師家庭的這種緊張。

　　調職也可能給教會造成壓力。會眾所敬愛的忠心牧師離去，會造成教會團契生活和工作程序的動搖和中斷，但也為新思維新觀念敞開了道路，可能會帶來團契生活的新視野。一個人不論多麼有才華和值得敬愛，都不可能擁有會眾的進步所需要的全部理念和能力。

就職儀式

　　新牧者就職——區會和地方教會有責任為新牧師舉行就職儀式，作為一個意義重大的行動，公開確立新牧師的職權。牧師不可能自己安排就職禮儀式，教會領導和區會職員應合作籌辦這樣的儀式。就職儀式應成為安息日崇拜的一部分，因為那時在場的人最多。儀式的重點是介紹牧師，但要尊重他們對公眾場合的適應性。

介紹區會代表──會眾可能不熟悉區會代表，首席長老應予以介紹，並感謝區會職員選擇和提供教會的領導。

區會代表致詞──區會代表應提供選擇新牧師過程的背景信息，以及這樣的任命如何服務教會和社區的需要，並簡單介紹牧師的家庭情況。

長老的歡迎──首席長老代表會眾歡迎牧師。可以邀請牧師全家登台和長老在一起，但要考慮其家人的適應性。牧師的家若有孩子，可由安息日學教員、教會學校的老師、青年或前鋒會領袖，或教會中同齡的孩子致歡迎詞。也可贈送小小的歡迎禮物。

啟應詞──建議在就職儀式上採用以下的啟應詞：

(牧師的名字)擔任 (教會名稱)牧者的就職儀式

聽道

長老：　　人活著，不是單靠食物，乃是靠上帝口裡所出的一切話。上帝的道是活潑、有功效的，比一切兩刃的劍更快，甚至魂與靈，關節與骨髓，都能刺入剖開，連心中的思念和主意，都能辨明。

會眾：　　並且被造的，沒有一樣在祂面前不顯明的。原來萬物，在那與我們連結的主眼前，都是

敞開的。我們既然有一位已經升入高天尊榮的大祭司，就是上帝的兒子耶穌，便當持定所承認的道。

區會領導： 信道是從聽道來的，聽道是從基督的話來的。凡信祂的人，必不至於羞愧。因為眾人同有一位主，祂也厚待一切求告祂的人。

會眾： 然而人未曾信祂，怎能求祂呢？未曾聽見祂，怎能信祂呢？沒有傳道的，怎能聽見呢？若沒有奉差遣，怎能傳道呢？

承認呼召

牧師： 我又聽見主的聲音，說：「我可以差遣誰呢？誰肯為我們去呢？」我說：「我在這裡，請差遣我。」主耶和華的靈在我身上。因為耶和華用膏膏我，叫我傳好信息給謙卑的人，差遣我醫好傷心的人，報告被擄的得釋放，被囚的出監牢。安慰一切悲哀的人。賜華冠予錫安悲哀的人代替灰塵，喜樂油代替悲哀，讚美衣代替憂傷之靈。

參加服務

執事： 我所揀選的禁食，不是要鬆開兇惡的繩，解

下軛上的索，使被欺壓的得自由，折斷一切的軛嗎？

女執事： 不是要把你的餅，分給飢餓的人。將飄流的窮人，接到你家中。

執事： 見赤身的，給他衣服遮體。顧惜自己的骨肉而不掩藏嗎？

會眾： 這樣你的光就必發現如早晨的光。你所得的醫治，要速速顯明。你的公義，必在你前面行。耶和華的榮光，必做你的後盾。

認識使命

牧師： 這天國的福音，要傳遍天下，對萬民作見證。

會眾： 然後末期才來到。

唱詩

〈千古保障〉（新版中文《讚美詩》74首）

領受異象

區會領導： 上帝說：「在末後的日子，我要將我的靈澆灌凡有血氣的。你們的兒女要說預言。你們的少年人要見異象。老年人要作異夢。」在這個教會教導、崇拜、交流和服務的傳道工作中，你的異象是什麼？

牧師： 我視這個教會為上帝所救贖的、合一的組
織，向世界呈現一個不斷追求的教會，對上
帝啟示的聖言敞開，接受聖靈的運行；是一個
屬靈的教會，敬拜上帝為創造主，承認基督
為救主、良友和很快復臨之主；是一個以傳道
為宗旨的教會，以有效的方法向各處的人宣
揚福音；是一個團結的教會，重視基督身體之
內的各種財富；是一個培育型的教會，裝備信
徒進行服務和帶領工作。

進入喜樂

區會領導： 當人子在祂榮耀裡同著眾天使降臨的時候，
要坐在祂榮耀的寶座上。萬民都要聚集在祂
面前。祂要把他們分別出來，好像牧羊的分
別綿羊、山羊一般；把綿羊安置在右邊，山羊
在左邊。於是，王要向那右邊的說：「你們這
蒙我父賜福的，可來承受那創世以來為你們
所預備的國。因為我餓了，你們給我吃；渴
了，你們給我喝；我作客旅，你們留我住；我
赤身露體，你們給我穿；我病了，你們看顧
我；我在監裡，你們來看我。」

會眾： 　義人就回答說：「主啊，我們什麼時候見你餓
　　　　了，給你吃，渴了，給你喝？什麼時候見你
　　　　作客旅，留你住，或是赤身露體，給你穿？
　　　　又什麼時候見你病了，或是在監裡，來看你
　　　　呢？」

牧師： 　王要回答說：「我實在告訴你們，這些事你們
　　　　既作在我這弟兄中一個最小的身上，就是作
　　　　在我身上了。」

接受祝福

區會領導： 因此，我在父面前屈膝，（天上地上的各
　　　　家，都是從祂得名）求祂按著祂豐盛的榮
　　　　耀，藉著祂的靈，叫你們心裡的力量剛強起
　　　　來，使基督因你們的信，住在你們心裡，叫
　　　　你們的愛心，有根有基，得以和眾聖徒一同
　　　　明白基督的愛，是何等長闊高深，並知道這
　　　　愛是過於人所能測度的，便叫上帝一切所充
　　　　滿的，充滿了你們。上帝能照著運行在我們
　　　　心裡的大力，充充足足地成就一切超過我們
　　　　所求所想的。但願他在教會中，並在基督耶
　　　　穌裡，得著榮耀，直到世世代代，永永遠
　　　　遠。阿們。

選用經文

申8:3

賽6:8

賽58:6–8

賽61:1–3

太24:14

太25:31–40

太28:19–20

徒2:17–18

羅10:10–17

弗3:14–21

弗5:27

來4:12–14

就職禱告——牧師（可包括其家人）面對會眾跪下，區會代表在一邊，首席長老在另一邊。其他長老和教會領袖可應邀參加。長老禱告，邀請會眾承諾支持新牧師。區會代表禱告，正式任命牧師為會堂領導，然後區會代表帶領長老們和教會領袖們歡迎新牧師的家庭。

教會的歡迎——在禮拜結束、會眾離開教會時，可以對牧師表示問候和歡迎。聚餐可以提供又一次歡迎的機會。

第 **39** 章

退休

RETIREMENT

使徒保羅在他傳道工作行將結束的時候，準確而簡潔地總結了他蒙崇高恩召的各種挑戰，同時他把火炬傳遞給年輕的提摩太。「務要傳道，無論得時不得時，總要專心，並用百般的忍耐，各樣的教訓，責備人，警戒人，勸勉人。……要凡事謹慎，忍受苦難，做傳道的工夫，盡你的職分。」（提後4:2-5）儘管上帝呼召人從事的基督徒服務永遠不會結束，但仍然有一天傳道人需要把教會的領導責任交給其他人。

凡因年齡或健康原因退出服務的教會工人，應該得到尊重和照顧。「主願意我們明白，聖工的先鋒是值得我們一切機構盡其所能去報答他們的。上帝要我們曉得在聖工上操勞多年的長者是值得我們的喜愛、尊重及最深的崇敬。」（《傳道良助》，原文430頁）

個人身分——多年從事傳道工作的人自然習慣於這種地位，並意識到在這種地位中的身分。但是，如果專注於教牧領導的地位，以致到工作結束的時候找不到自己個人身分的位置，那是不對的。在擔任傳道工作的時候，應該發揮在家庭生活中的作用，交朋友，培養其它的興趣，到了傳道工作結束的時候，就依然會意識到個人的價值和作用。

身體健康——教牧人員基本上從事的工作常是久坐不動的，因此應當實行有規律的身體鍛煉計劃，此舉不僅是為了提高他們在為教會服務期間履行職責的能力，還為了享受健康

的快樂，過積極的退休生活。「人若沒有身體方面的操練，就不能有堅強的體格和充沛的健康，而且有規律的工作對於獲得健全活潑的心志和高尚的品格乃是一樣重要的。」（《先祖與先知》，原文601頁）

經濟保障——傳道人應當與聘用他們的組織商量，以確定何種退休計劃適用於他們。由於管理退休的計劃較多是由政府主導，以及在許多國家裡經濟和社會環境的改變，保持全世界有統一的退休規章是不大可能的。」（《總會規章》Z 05 05）

本會職員有責任了解教會的退休計劃和政府的退休制度，並參與這些計劃，以獲得退休後的經濟保障。這樣的計劃和儲備應當從傳道服務一開始就進行，繼續到服務結束。除了教會和政府資金以外，個人的儲蓄也是退休收入的重要部分。

雖然耶穌告誡我們，「不要為自己積攢財寶在地上，地上有蟲子咬，能鏽壞，也有賊挖窟窿來偷。」（太6：19）但祂也說：「你們去作生意，直等我回來。」（路19：13）在十個童女的比喻中（太25章），聰明的童女做好準備等待新郎的來到；愚拙的童女則沒有準備。

過渡時期——從全職教牧的領導者到不再領導教會活動的退休傳教士，這是一種明顯的過渡時期。教會裡有各種教牧工作，在這方面，退休的傳教士對於會眾和傳道人都還是很有幫

助的，且能在繼續服務中得到個人的滿足。

服務的表彰——為了表彰退休工人在擔任領導工作時所做的貢獻，重視和感謝他們對教會的繼續服務，增強他們日後發揮的作用，「傳道協會」提出以下建議：

❶ 聘用組織應舉行特別的表彰會，明確宣布他們從積極的牧養工作轉到退休服務。

❷ 聯合會或區會領袖要負責將退休者的名字刊登在合適的文告上。

❸ 本會要實行頒發榮譽傳道證書的政策，允許退休者不再擔任教會全職傳道工作之後，依然能履行傳教士的各種職責。退休者要尊重有關榮譽證書的政策。

❹ 區會領導可以聘用退休者幫助實習傳教士，協助策劃特別的活動；可以委派給退休者任務，讓他們以經驗和智慧提供良好建議；可以賦予他們短期的職責，以開展教會的教育、牧養和組織工作。

❺ 區會領導應該指示，並在必要的情況下勸告退休的工人不要試圖控制他們曾經服務過，且現在已經有了新教牧領袖之教會的活動。

榮譽證書——聯合會可以根據地方區會的建議，向退休的職員頒發與他們在積極服務時的證書相應的榮譽證書。證書的有效期，為該屆區會的任期，若要延續需經區會會議通過。退

休者持過期或作廢的證書無權履行傳教士的任何職權。

持有榮譽證書的退休者與教會的關係，是和任何其他信徒一樣的，但他們依然能主持洗禮、婚禮、教會領袖的按立，尤其在牧師缺位或沒有獲得授權的情況下。為了履行這些職責，退休者需要與區會或當地的領袖作出適當的安排。

服務的快樂——保羅在他傳道工作即將結束的時候進行了回顧，無怨無悔地對提摩太說：「那美好的仗我已經打過了，當跑的路我已經跑盡了，所信的道我已經守住了。從此以後，有公義的冠冕為我存留，就是按著公義審判的主到了那日要賜給我的，不但賜給我，也賜給凡愛慕祂顯現的人。」（提後4:7-8）

傳道工作固然有其奮鬥和艱辛，但喜樂和勝利大大超越其困難，使之顯得微不足道。忠心的僕人得到主的稱讚，遠超過地上的報賞：「好，你這又良善又忠心的僕人，你在不多的事上有忠心，我要把許多事派你管理，可以進來享受你主人的快樂。」（太25:21）

APPENDIX 附錄（以下範例可供教牧人員參考）

婚禮誓約

牧師問新郎

「在上帝和眾證人面前，你（新郎的名字）願不願意娶這位女子（新娘的名字）為妻，遵照上帝為神聖的婚姻所定的旨意，與她生活在一起？無論患病或健康，順境或逆境，你都愛護她，安慰她，尊重她，照顧她；並在你們二人有生之日，只忠誠於她，絕不移情別戀嗎？你願意這樣宣告嗎？」

牧師問新娘

「妳（新娘的名字）願意以這位男士（新郎的名字）作妳的丈夫，遵照上帝為神聖的婚姻所定的旨意，與他生活在一起嗎？無論患病或健康，順境或逆境，妳都愛護他，安慰他，尊重他，照顧他；並在你們二人有生之日，只忠誠於他，絕不移情別戀嗎？妳願意這樣宣告嗎？」

牧師宣告

「既然新郎和新娘已同意在神聖的婚姻中結為夫婦，並在上帝和眾人面前已作了見證，互立誓約，攜手作這樣的宣告，我作為一位傳揚福音的牧者，依照法律所賦予我的權力，宣布他們二人結為夫婦。上帝配合的，人不可分開。」

❧ 喪 禮 ❧

基督徒的下葬詞

「上帝本著祂的慈愛和智慧，讓我們親愛的（弟兄或姊妹的名字）在基督裡安睡了，我們輕輕地將他（她）的軀體交給塵土，並堅定地盼望當我們的主在榮耀裡再來的時候，他（她）必歡樂地復活。那時，祂要按著那能叫萬有歸服自己的大能，將我們這卑賤的身體改變形狀，和祂自己榮耀的身體相似。」

未確知是否基督徒的下葬詞

「上帝本著祂的仁慈和祂旨意的安排，讓我們的朋友（弟兄或姊妹的名字）放下了今生的重擔。我們在愛中將他（她）的軀體交給塵土。我們要記得：人生的一切難題，全在慈愛憐憫而永在之父的掌握中。祂應許凡愛祂的人都得永生。」

❧ 浸 禮 ❧

「現在，（領浸者的名字），因為你相信耶穌基督為你所做的一切，你也決定把自己的人生交託給祂，並且願意成為上帝家庭中的一分子（此時舉起右手），我願意奉聖父、聖子、聖靈的名為你施洗。」

❦ 聖餐禮 ❦

「我當日傳給你們的，原是從主領受的，就是主耶穌被賣的那一夜，拿起餅來，祝謝了，就擘開，說：這是我的身體，為你們捨（有古卷：擘開）的，你們應當如此行，為的是記念我。飯後，也照樣拿起杯來，說：這杯是用我的血所立的新約，你們每逢喝的時候，要如此行，為的是記念我。你們每逢吃這餅，喝這杯，是表明主的死，直等到祂來。」

聖餐禮之前

主領者： 我們現在進入特別蒙福的時刻。

> 會眾：我們一同期待這種祝福。

主領者： 我們吃的時候……

> 會眾：我們記念基督為我們而捨的身體。

主領者： 我們喝的時候……

> 會眾：我們記念基督為我們流出的寶血。

主領者： 主啊！求祢現在向我們顯示祢自己，如同當初祢向祢的門徒顯現自己一樣。

> 會眾：求祢親自臨格，賜福於桌上所擺放的，並讓我們預場那將來的靈宴。

全體： 求主來，因為一切都已預備好了。

········· 領用的時刻 ·········

主領者：這是我的身體……

會眾：為 (領用者的名字) 而捨的。

主領者：這是我的血……

會眾：為 (領用者的名字) 而流的。

❧ 兒童奉獻禮 ❧

「你們帶這孩子來奉獻，是接受了一個神聖的責任。藉著這個象徵性的禮節，表示你們相信這個孩子不僅是屬於你們的，也是屬於上帝的。參與你們這孩子奉獻禮的會眾，也要幫助你們努力，期盼將來有一天接續這次奉獻禮，讓孩子領受浸禮，完全成為教會家庭中的一員。所以你們作父母的，要承諾盡自己的努力，按主的方式和教訓撫育這個孩子。你們願意這樣與上帝立約嗎？」

國家圖書館出版品預行編目（CIP）資料

牧師手冊：基督復臨安息日會全球總會傳道
協會作；華安聯合會譯. -- 初版. -- 臺北市：時
兆, 2019.05　　面；　　公分 -- （神學；4）
譯自：Minister's Handbook

ISBN 978-986-6314-86-5（平裝）

1. 神職人員　2.教牧學

247.4　　　　　　　　　　　108002389

牧师手册
Minister's Handbook

作　　者	基督復臨安息日會全球總會傳道協會	
譯　　者	華安聯合會	

董 事 長	金時英	
發 行 人	周英弼	
出 版 者	時兆出版社	
客服專線	0800-777-798	
電　　話	886-2-27726420	
傳　　真	886-2-27401448	
地　　址	台灣台北市105松山區八德路2段410巷5弄1號2樓	
網　　址	http://www.stpa.org	
電　　郵	service@stpa.org	

主　　編	周麗娟	
責　　編	林思慧	
校　　對	林思慧	
封面設計	時兆設計中心　邵信成	
美術編輯	時兆設計中心　邵信成	
法律顧問	元輔法律事務所　電話：886-2-27066566	

商業書店	總經銷 聯合發行股份有限公司 TEL：886-2-29178022	
基督教書房	0800-777-798	
網路商店	http://www.pcstore.com.tw/stpa	
電子書店	PChome商店街、Pubu電子書城	

I S B N	978-986-6314-86-5	
定　　價	新台幣200元	
出版日期	2019年5月　初版1刷	